부의 차이를 만드는
금고엄마의 돈 공부

"돈, 어떻게 모으고 굴리고 불릴 것인가?"

부의 차이를 만드는

금고엄마의 돈 공부

심정희 지음

CASH BACK

17만 명을 사로잡은
금고엄마의
재테크 지침서

"한 번 배워두면 평생 써먹는 현실 돈 공부!"

16년 경력 금융인이 알려주는 돈의 비밀

원에원북

부자를 꿈꾸는 당신에게

'금고엄마'라는 이름으로 유튜브를 시작한 지 어느덧 7년이 지났습니다. 그동안 16년간 몸담은 금융기관에서 터득한 노하우를 세상에 알리기 위해 쉼 없이 달려왔습니다. 직장에 다닐 때는 성공과 억대 연봉에 대한 열망으로 밤낮없이 일에 매달렸습니다. 당연히 삶에 대한 만족감은 떨어질 수밖에 없었죠. 퇴사 이후 잠시 다른 삶을 꿈꾸기도 했지만 용기와 자신감이 부족해 그냥 집에서 취미생활을 즐기며 보통의 하루를 보내기로 결심했습니다.

그러던 어느 날 내가 현장에서 쌓은 경험과 지식이, 금융 지능(FQ; Financial Quotient)이 이대로 사라지는 건 아닐까 하는 생각에 우울함과 씁

쓸함을 느꼈습니다. 금융 지능이란 금융(Financial)과 지수(Quotient)의 합성어로 '금융이해력지수'라고도 합니다. 쉽게 말해 금융 분야에 대한 이해와 실제 활용능력 수준을 일컫습니다.

"문명은 생활을 불편하게 하지만 금융문맹은 생존을 불가능하게 하므로 문맹보다 무섭다."

전 연준 의장 앨런 그린스펀의 말입니다. 2019년 한국은행, 금융감독원이 한국인의 금융이해력지수를 조사한 결과, OECD 회원국 평균인 64.9점보다 낮은 것으로 나타났습니다. 국제신용평가사 S&P가 2015년 발표한 자료에 따르면 한국인의 금융이해력은 143개국 가운데 77위에 불과했습니다. OECD 회원국 중에서도 가장 낮은 순위였습니다. 다행히 최근에는 순위를 끌어올려 OECD 평균에 이르렀지만, 세부 항목별 결과를 보면 2030세대는 여전히 낮은 점수를 기록하고 있는 상황입니다.

몸은 어른인데 금융 지능은 아이인 상황이다 보니 사회 곳곳에서 문제가 벌어지고 있습니다. MZ세대라 일컬어지는 청년 세대의 소위 '묻지마 투자' '영끌' '빚투'가 만연해진 것입니다. 〈MBN〉 2023년 2월 27일 기사입니다.

청년 4~5명 중 1명은 연소득 3배 이상의 빚을 지고 있는 것으로 나타났습니다. 지난 10년 사이 이런 위험한 수준의 빚을 지고 있는 청년 비율은 2.6배나 높아졌습니다. 27일 한국보건사회연구원의 '청년 미래의 삶을 위한 자산 실태 및 대응방안' 보고서에 따르면 통계청 가계금융복지조사 원자료를 분석한 결과 19~39세 청년이 가구주인 가구의 평균 부채는 2021년 8,455만 원인 것으로 나타났습니다. 이는 2012년 3,405만 원의 2.48배에 달하는데 부채는 임대보증금을 제외한 금융 부채로, 평균값은 부채가 없는 청년을 포함해 계산되었습니다. 부채가 있는 청년만을 대상으로 하면 평균 부채액은 1억 1,511만 원에 달했습니다. 소득 대비 부채비1(DIT)를 따져보면 청년가구주 가구 중 300%가 넘는 경우가 21.75%로, 이는 10년 새 2.60배 급증한 것입니다.

청년 세대의 빚이 늘어난 이유는 빨리 부자가 되고 싶다는 조바심의 여파로 해석됩니다. '돈'에 관심을 갖고 투자를 공부하는 것은 건강한 현상입니다. 하지만 이렇게 공부 없이 투자하고 돈을 모으지 못하는 것은 결코 올바른 일이라 할 수 없습니다.

작금의 현실을 보면서 '어떻게 하면 좋을까?' '내가 현장에서 터득한 지식을 공유할 방법은 무엇일까?' 하는 생각이 들었습니다. 퇴직하고 일선에서 물러났지만 자유의 몸이기에 할 수 있는 일이 있었습니다. 바로 유튜브였습니다. 돈을 바라는 일은 아니었기에 은행에서 겪은 경험을 기반으로 있는 그대로 담백하게 지식을 전달했고, 그 결과 많은 구독자가 호응하며 제2의 삶을 시작하게 되었습니다.

구독자가 늘어나면서 대본을 작성하며 좀 더 본격적으로 정제된 콘텐츠를 제작했습니다. 그 과정에서 어머니와 여동생의 조언대로 다양한 연령대와 지식 수준을 고려해 내용을 쉽게 가다듬고 전달력을 높이고자 노력했습니다. 17만 명의 구독자를 가진 금융 유튜버로 성장한 지금도 여전히 크리에이터로서 부족한 부분을 채우기 위해 노력하고 있습니다.

날로 변해가는 금융 정보와 난도 높은 금융 지식을 일반인이 단기간에 습득하기란 어려운 숙제와 같습니다. 하지만 포기해선 안 됩니다. 단순히 돈을 벌기 위해서가 아닌, 돈을 지키기 위해서라도 금융 지식은 반드시 필요합니다. 자칫하면 보이스피싱과 같은 금융 사기를 당할 수 있기 때문입니다.

이 책은 재테크, 투자에 관심이 많은 사회초년생과 금융 지식이 부족한 중장년을 대상으로 꼭 필요한 정보만을 담은 금융 지침서입니다. 부족한 실력이지만 각계각층을 대상으로 폭넓은 지식을 담고자 노력했습니다. 더불어 책을 쓰게 된 가장 결정적인 이유는 제게 예쁜 두 딸이 있기 때문입니다. '사랑하는 딸이 도서관에 갔을 때 엄마가 쓴 책이 있다면 얼마나 뿌듯할까?'라는 생각으로 글을 쓰게 되었습니다. 또한 같은 돈을 은행에 맡기더라도 어떻게 하면 이자를 조금이라도 더 받을 수 있는지, 반대로 돈을 빌리더라도 어떻게 하면 이자를 조금이라도 덜 낼 수 있는지 그 노하우를 아낌없이 담았습니다.

금융기관에서 터득한 경험과 지식에는 다녀보지 않은 사람은 알 수 없는 '무언가'가 있다고 생각합니다. 그런 정보를 책에 꽉꽉 눌러 담았으니 천천히 완독해보기 바랍니다.

마지막으로 책을 쓰도록 물심양면 도움을 준 사랑하는 남편과 두 딸, 여동생과 남동생, 그리고 키워주신 부모님께 감사의 인사를 전합니다.

심명희

차례

PART 1

💎

묻지도 따지지도 말고
예적금

PART 2

은행,
현명하게 이용하기

PART3 재테크와 투자, 천 리 길도 한 걸음부터

PART 4 대출 없는 부자는 없다

PART 1

묻지도
따지지도 말고
예적금

사회초년생 김 사원은 요즘 고민이 이만저만이 아닙니다. 첫 월급을 아직도 계좌에 고스란히 갖고 있기 때문입니다. 그냥 적금에 넣자니 "야, 요즘 누가 적금으로 돈 모으냐? 물가상승률이 얼만데." 하는 친구의 핀잔이 떠오르고, 투자하자니 "김 사원, 투자는 아무나 하는 게 아닐세. 원금이 보장되는 적금에 들게." 하는 직장 상사의 말이 떠오릅니다. 어머니께 고민을 토로하자 어머니는 "얘, 엄마가 모아줄게. 돈 관리는 어른한테 배우는 거야."라고 하십니다. 어머니에게 돈을 맡기면 편하기야 하겠지만 '나도 이제 성인인데 언제까지 부모님께 의지할 거야?' 하는 생각도 듭니다.

첫 단추는
예적금으로

'시작이 반'이라는 말이 있습니다. 이 말을 자산관리 측면에서 바라보면 '종잣돈 마련이 반'이라 해석할 수 있습니다. 예적금으로 종잣돈부터 모으라고 이야기하면 혹자는 물가상승률, 인플레이션, 돈의 가치 하락 등을 거론하며 부정적인 반응을 보이곤 합니다.

저축과 투자를 해본 사람은 압니다. 초기에는 예적금으로 목돈부터 만들어야 한다는 것을요. 종잣돈이 없거나 금융 지식이 부족한 사람이라면 더더욱 예적금으로 목돈을 만들어야 합니다.

월급날에 강제적으로 100만 원씩 적금을 붓는다고 가정해봅시다. 원금만 놓고 보면 1년이면 1,200만 원이고, 5년이면 6천만 원입니다. 누군가는 소액이라 치부할 수 있지만 최소한의 종잣돈 없이 고수익을 노리는 투자에 나서는 것은 굉장히 위험한 일입니다.

최근 재테크, 투자에 관심을 두는 2030세대가 증가하면서 은행, 증권사 등도 잇따라 맞춤형 금융상품을 선보이고 있습니다. 그러나 금융상품에 대한 낮은 이해도 문제 때문에 곳곳에서 부작용이 벌어지고 있습니다. 금융 지식에 대한 이해력이 부족해 상품을 잘못 선택하는 경우도 있고, 공부 없이 섣불리 영끌, 빚투에 나서는 경우도 있습니다. 이러한 부작용이 사회적 문제로 대두되면서 금융당국은 국민의 금융 교육 강화 방안에 대해 논의하는 상황입니다. 특히 금융 지식이 부족한 사회초년생은 목돈 마련을 위해 투자보다는 예적금을 고려할 필요가 있습니다. 전문가들은 예적금을 활용해 종잣돈 1천만 원부터 만들어보라고 조언합니다. 목돈의 규모도 규모지만 일정 수준 이상의 돈을 모을 수 있다는 자신감과 성공 경험이 무엇보다 중요합니다.

목돈을 만드는 단계에서는 주식, 펀드, 암호화폐 등 고위험군에 속하는 투자 상품에 비해 기대수익은 작지만 원리금이 보장되는 확정수익형 상품, 즉 예적금을 선택하는 것이 유리합니다. 연봉이 비교적 낮은 사회초년생 때는 저축이나 투자할 수 있는 액수가 한정적이기 때문에, 즉 원금의 규모가 작기 때문에 군이 고수익을 찾아 시간 낭비할 필요는 없습니다.

예를 들어 매월 50만 원씩 4% 이자를 주는 1년 만기 적금과 10% 이자를 주는 금융상품 간 이자 차이는 19만 원 정도에 불과합니다. 물론 그렇다고 10% 이자를 주는 적금이 있는데 군이 4% 이자를 주는 적금을 선택할 필요는 없습니다. 조금이라도 빨리 목돈을 모으기 위해서는 금리가 높은 예적금에 가입하기 위해 손품, 발품을 팔아야 합니다. 다행히 요즘은 손가락만 몇 번 까딱하면 금세 조회가 가능합니다. 힘 안 들이고 빠르게 고금리 상품을 검색하는 방법은 다음과 같습니다.

• • •

1. 금융상품한눈에

검색창에서 '금융상품한눈에'를 입력하면 금융감독원에서 운영하는 사이트가 나옵니다. 금융상품한눈에(finlife.fss.or.kr) 상단 메뉴를 보면 '저축' '펀드' '대출' '연금' '보험' 등이 있습니다. '저축'을 누르고 '정기예금' '적금'을 누르면 기간, 금융권역, 지역 등을 입력하는 화면이 나옵니다. 대면(창구), 비대면(온라인)도 선택 가능합니다. 불입액을 입력한 후 검색하면 제1금융권과 저축은행 등이 고금리 순서대로 조회됩니다. 한 가지 아쉬운 점은 상호금융권은 조회되지 않는다는 것입니다.

• • •

2. 마이뱅크

마이뱅크(www.mibank.me)는 제1금융권뿐만 아니라 상호금융권의 예적금까지 금리를 비교해볼 수 있습니다. 신협, 새마을금고, 농·축협, 저축은행, 시중은행도 각각 조회 가능합니다. 다만 고금리로 나오는 단발성 특판 상품의 경우 다른 곳에 비해 반영되는 시점이 며칠 늦어질 수 있어 주의가 필요합니다. 막상 가입하려면 이미 특판 모집이 종료되어 가입을 못하는 경우도 종종 있습니다. 실시간으로 바로 반영되지 않으니 현재에도 판매되고 있는지 확인한 다음 가입하기 바랍니다.

• • •

3. 모네타

모네타(www.moneta.co.kr) '금융상품' 메뉴에서 '최고금리'를 누르면 은행, 상호저축은행, 신협, 종금사의 예적금 상품을 조회할 수 있습니다.

• • •

4. 유튜브, 블로그, 네이버 카페

시의성 측면에서 유튜브, 블로그, 네이버 카페가 빠를 수 있습니다. 가장 최근 콘텐츠를 참고하면 됩니다. 다만 정보의 정확성은 유튜버, 블로거, 카페에 따라 다를 수 있으니 검증은 필요합니다.

종합해보면 최고 금리를 받기 위해선 되도록 실시간으로 정보가 오가는 유튜브, 블로그, 네이버 카페를 이용하는 것이 좋습니다. 안전하면서 복잡한 우대금리 조건 없이 기본금리를 많이 주는 곳을 찾아야 합니다. 우대금리 조건이 있다면 지키기 쉬운 편인지 확인할 필요가 있습니다. 또

계좌 개설 제한일도 확인해야 합니다. 고금리 예적금에 가입하기 위해 새로운 입출금통장을 개설했다면 20영업일 동안 다른 계좌 개설이 제한됩니다. 주휴무일을 빼고 영업일 기준 20일이 지나야 새로운 입출금통장을 개설할 수 있습니다.

예적금에 가입할 때 다음의 3가지를 꼭 살펴보기 바랍니다.

1. 경영공시를 살펴보는 게 좋습니다. 경영공시는 각사 사이트에 있습니다. 경영등급이 낮거나 연체율이 너무 높다면 피하는 게 좋습니다.

2. 우대금리 조건이 까다롭다면 피해야 합니다. 예를 들어 신용카드를 만들어야 하거나 체크카드 실적이 필요하다면 넘기는 것이 좋습니다.

3. 납입금액 제한도 확인해야 합니다. 고금리 적금의 경우 매월 납부 가능한 금액이 정말 적은 경우가 있습니다. 예를 들어 8% 이자를 주는데 납입금액 한도가 10만 원이라면 만기를 채워도 이자는 미미할 것입니다.

정기예금, 단리를 복리로 굴리는 방법

정기예금이란 목돈을 만기까지 일시로 맡겨놓고 약정이자를 받는 금융상품을 말합니다. 정기예금에 가입하면 보통 이자 지급 방식은 2가지로 나뉩니다. 첫 번째는 만기지급식이고, 두 번째는 월지급식입니다. 만기지급식은 만기에 원금과 이자를 한꺼번에 수령하는 방식을 말하고, 월지급식은 이자를 매월 수령하는 방식을 말합니다. 만기지급식이 일반적인 이자 수령 방식이지만 매달 받는 이자를 생활비에 보태기 위해 월지급식을 선택하기도 합니다.

예금 이자는 단리와 복리로 나뉘는데요. 단리는 단순히 최종 원금에 이율만 계산한 것을 말하고, 복리는 처음 원금에 대한 이자가 나오면 이자

■ 단리 vs. 복리

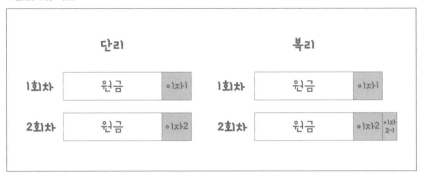

를 합한 금액을 새로운 원리금으로 보고 그 원리금에 다시 이율을 적용하는 방식을 말합니다. 쉽게 말해 복리는 만기까지 매달 이자에 대한 이자까지 계산하는 방식입니다. 정기예금은 대부분 이자를 단리로 지급합니다.

복리로 수익률과 투자기간을 계산할 때 사용되는 법칙이 있습니다. 바로 '72의 법칙'입니다. 72의 법칙은 이자율을 복리로 적용할 경우 투자한 원금이 2배로 불어나는 데 걸리는 시간을 간편히 계산하는 어림식입니다. 산식은 다음과 같습니다.

72÷연수익률=원금이 2배가 되는 데 걸리는 시간

만약 500만 원을 연 이율 5% 복리로 투자하면 어느 시점에 2배가 될까요? 20년일 것 같지만 정답은 14.4년입니다. 이자에 이자가 붙고, 이자가 붙은 원금에 또 이자가 붙으니 2배가 되는 데 걸리는 시간이 짧아진 것이죠. 72의 법칙대로라면 수익률 1% 복리일 경우 원금이 2배가 되는 기간은 72년입니다. 이 기간은 수익률에 따라 2%일 때 36년, 3%일 때 24년, 4%일 때 18년, 5%일 때 14.4년으로 급격히 줄어듭니다. '복리의 마법'이란 말이 생긴 배경입니다.

대부분의 정기예금은 이자를 월지급식으로 받든, 만기에 수령하든 적용되는 금리는 같습니다. 상품에 따라 월 이자보다 만기에 받는 이자가 더 큰 경우도 있지만 만일 월 이자와 만기 이자에 적용되는 금리가 동일하다면, 즉 단리가 적용되는 상품이라면 지금 소개하는 방식을 적용해보기 바랍니다.

단리를 복리로 바꾸는 방법은 매우 단순합니다. 이자 수령 방식을 월지급식으로 선택하고 매월 나오는 이자를 생활비에 쓰는 것이 아닌 적금에 가입하는 것입니다. 적금은 자유적금도 좋고 정기적금도 좋습니다. 일반적으로 자유적금보다는 정기적금의 금리가 높은 편이니 매월 받는 이자만큼 납입액수를 설정해 가입하길 권합니다. 정기예금 가입과 동시에 적금에 가입하면 만기에 원금과 이자를 한꺼번에 수령할 수 있어 편리한데요. 그런데 월지급식 정기예금에 가입하면 그다음 달부터 세후 이자가 지급되기 때문에 첫 달 적금 납입액은 일단 내가 갖고 있는 돈으로 내는 것이 좋습니다.

4% 이자 정기예금에 3천만 원을 불입했다고 가정해봅시다. 1년 만기 시 이자는 세전 120만 원입니다. 월지급식으로 나눠서 받는다면 매월 세전 10만 원을 수령할 수 있습니다. 이렇게 매달 나오는 이자로 1년짜리 5% 정기적금에 가입하면 만기 시 세전 3만 2,500원에 달하는 이자를 받

을 수 있습니다. 월지급식으로 이자 수령이 가능하고, 월지급식과 만기지
급식의 이자가 동일하다면 적극 활용해보기 바랍니다.

풍차 돌리기란 무엇인가?

돈을 효과적으로 모으는 방법 중 하나가 바로 '풍차 돌리기'입니다. 우선 풍차 돌리기란 무엇이고 왜 풍차 돌리기를 하는지 목적부터 알아보겠습니다.

풍차 돌리기란 매달 1개씩 1년 동안 총 12개의 적금 상품에 가입해 꾸준히 납입하고, 1년 후부터 매달 만기가 돌아오는 12개 적금의 원금과 이자를 받는 재테크 방법입니다. 한 달에 한 번씩 1년짜리 적금을 만든다면 1년 뒤에는 다달이 만기 적금의 원금과 이자를 수령할 수 있습니다.

가량 한 달에 저축 가능한 돈이 120만 원이라고 가정해봅시다. 첫 달에 10만 원짜리 적금에 가입하고 그다음 달에 또 추가로 10만 원짜리 적

■ 풍차 돌리기 예시

구분	적금 1	적금 2	적금 3	적금 4	적금 5	적금 6	적금 7	적금 8	적금 9	적금 10	적금 11	적금 12	나이어 납입액
1개월	10만 원	-	-	-	-	-	-	-	-	-	-	-	10만 원
2개월	10만 원	10만 원	-	-	-	-	-	-	-	-	-	-	20만 원
3개월	10만 원	10만 원	10만 원	-	-	-	-	-	-	-	-	-	30만 원
4개월	10만 원	10만 원	10만 원	10만 원	-	-	-	-	-	-	-	-	40만 원
5개월	10만 원	10만 원	10만 원	10만 원	10만 원	-	-	-	-	-	-	-	50만 원
6개월	10만 원	10만 원	10만 원	10만 원	10만 원	10만 원	-	-	-	-	-	-	60만 원
7개월	10만 원	10만 원	10만 원	10만 원	10만 원	10만 원	10만 원	-	-	-	-	-	70만 원
8개월	10만 원	10만 원	10만 원	10만 원	10만 원	10만 원	10만 원	10만 원	-	-	-	-	80만 원
9개월	10만 원	10만 원	10만 원	10만 원	10만 원	10만 원	10만 원	10만 원	10만 원	-	-	-	90만 원
10개월	10만 원	10만 원	10만 원	10만 원	10만 원	10만 원	10만 원	10만 원	10만 원	10만 원	-	-	100만 원
11개월	10만 원	10만 원	10만 원	10만 원	10만 원	10만 원	10만 원	10만 원	10만 원	10만 원	10만 원	-	110만 원
12개월	10만 원	10만 원	10만 원	10만 원	10만 원	10만 원	10만 원	10만 원	10만 원	10만 원	10만 원	10만 원	120만 원

금에 가입하는 식으로 적금을 하나씩 늘립니다. 마지막 달인 12개월째가 되면 적금 통장은 12개로 늘어나 있을 것이고 해당 달에는 총 120만 원을 불입하게 됩니다. 이처럼 기존에 만든 적금을 유지한 채 매월 적금을 하나씩 늘려가는 방식을 풍차 돌리기라고 합니다.

13개월째가 되면 첫 번째 가입한 적금의 만기가 돌아옵니다. 즉 원금 120만 원과 이자를 수령하게 되는 것이죠. 14개월째에도, 15개월째에도 어김없이 두 번째, 세 번째 가입한 적금의 만기가 돌아옵니다. 이런 식으로 1년간 매달 적금 만기가 돌아옵니다.

그럼 13개월째부터 매달 받는 원금과 이자는 어떻게 굴려야 할까요? 원금 120만 원과 이자를 1년 만기로 예금하는 것입니다. 매달 만기가 돌아올 때마다 적금이 아닌 예금에 불입합니다. 그리고 추가로 이전 방식대로 매달 적금을 새로 가입합니다. 13개월째부터 매달 목돈으로 묶어두기 때문에 1년이면 1,440만 원과 이자를 모을 수 있고, 거기에 더해 추가 적금까지 안정적으로 굴릴 수 있습니다. 이런 식으로 적금 가입을 반복해 목돈을 만드는 것을 풍차 돌리기라고 합니다.

물론 풍차 돌리기라고 해서 장점만 있는 것은 아닙니다. 돈을 쪼개어 적금에 가입하는 것이기 때문에 목돈을 한 번에 굴리는 것보다 이자를 덜 받을 수 있습니다. 예를 들어 처음부터 120만 원짜리 적금에 가입했다면 첫 달부터 오롯이 1년간 120만 원씩 누적되어 이자가 계산되었을 것입니다. 그런데 풍차 돌리기는 첫 달에는 120만 원의 1/12인 10만 원만 불입하는 것이기 때문에 따져보면 이자가 생각보다 적을 수 있습니다. 물론 첫 달에 놀고 있는 110만 원을 잠시 자유적금이나 파킹통장에 넣어 굴리는 방법도 있지만, 이러한 상품들은 정기적금에 비해 이율이 훨씬 낮기 때문에 비효율적일 수 있습니다.

또 적금 계좌를 매달 늘려야 하기 때문에 관리가 번거로울 수 있습니다. 일일이 종이통장으로 만든다면 보관도 어렵고 분실 시 재발급 비용이 들 수 있어 되도록 모바일 앱으로 개설하는 것이 좋습니다. 만기 시에도 간편하게 앱으로 원금과 이자를 수령하는 것이 좋습니다. 그럼에도 12개 이상의 적금 계좌를 굴리는 것은 피곤한 일입니다. 매달 까먹지 않고 개설하고 납입하는 일을 반복해야 하니까요.

번거로운 일이지만 풍차 돌리기가 각광받는 이유는 이렇습니다.

첫째, 액수를 분산해서 저축하는 만큼 중간에 급하게 돈이 필요해 일부 해지하더라도 손실이 적은 편입니다. 갖고 있는 돈만큼 납입액을 늘려 적금에 가입하면 중간에 일부가 필요하더라도 전체를 깨야 하지만, 여러 개로 분산해서 가입하면 그만큼 중도해지 손실을 줄일 수 있습니다. 중도에 해지한다고 원금 손실을 보는 것은 아니지만 만기까지 가야 정상이자를 받을 수 있으니 되도록 만기를 지키는 것이 중요합니다.

둘째, 저축 습관을 키우는 데 도움이 됩니다. 매달 적금을 만들고 계좌를 관리하는 것이기 때문에 저축하는 습관을 들일 수 있고 자산관리에 대한 관심을 높일 수 있습니다.

셋째, 금리 인상기에는 매달 고금리 상품에 가입할 수 있어 높은 수익률을 누릴 수 있습니다. 적금은 가입한 날과 동시에 가입기간 동안 이율이 고정됩니다. 만약 이번 달에 5%짜리 적금에 가입했는데 그다음 달에 6%짜리 상품이 나온다면 아쉬움이 남을 것입니다. 풍차 돌리기는 매달 새로운 적금에 가입하는 것이기 때문에 그럴 걱정이 없습니다.

　풍차 돌리기는 자금관리에 어려움이 있는 사람, 그리고 소비성향이 강한 사람에게 딱 맞는 재테크 방식입니다. 번번이 목돈 모으기에 실패하는 사람에게 이만한 방식이 없다고 봅니다. 소비도 올바르게 잘 하고 있고, 자금관리에 어려움이 없다면 적합하지 않을 수 있습니다.

선납이연 활용하기

　정기적금의 선납(적금을 납입일보다 먼저 넣는 것)과 이연(적금을 납입일보다 나중에 넣는 것)을 잘 활용하면 받을 수 있는 이자를 극대화할 수 있습니다. 선납이연이란 쉽게 말해 적금 납부일에 대한 조정을 뜻합니다. 정기적금은 매달 정해진 일자에 동일한 액수를 납부하는 것을 원칙으로 합니다. 그런데 선납이연 납부 방식이 가능한 상품이라면 납부일을 유리하게 조정할 수 있습니다. 즉 매월 한 달에 한 번씩 납입하는 날짜를 지키지 않아도 되며, 납입액 역시 지키지 않아도 됩니다.

　12시간 동안 물 1리터를 마시면 상으로 1만 원을 받는다고 가정해봅시다(여기서 12시간은 납입일, 물 1리터는 납입액, 상 1만 원은 이자입니다). 물 1리터를 효과적으로 마시기 위해 1시간에 100밀리리터씩 마시겠다고 다짐합니다. 그런데 꼭 1시간에 100밀리리터씩 마실 필요가 있을까요? 물을 받자마자 600밀리리터를 한 번에 들이키고 중간에 100밀리리터를 마시고 마지막 종료 직전에 남은 물을 몰아서 마시는 방법도 있습니다. 어쨌든 정해진 12시간 안에 다 마시기만 하면 상으로 1만 원을 받을 수 있으니까요.

정기적금의 선납이연 방식도 마찬가지라고 보면 됩니다. 한 달에 한 번씩 납입하는 방식에서 벗어나더라도 만기까지 선납이연 방식으로 돈을 납입하면 정상이자를 받을 수 있습니다. 예를 들어 10월 5일에 100만 원씩 납입해야 하는 적금에 가입했다면, 매월 5일에 정해진 납입액을 불입해야 한다는 사실은 변하지 않을 것입니다. 그런데 사정이 생겨서 11월 5일에 납부해야 할 적금을 하루 뒤인 11월 6일에 납부했다면 이를 1일 이연했다고 이야기합니다. 그리고 그다음 달인 12월에 5일보다 하루 앞당긴 4일에 납부했다면 이를 1일 선납했다고 말합니다. 이처럼 가입일 기준으로 늦게 납부하면 이연, 일찍 납부하면 선납이라고 합니다.

실제로 정기적금을 제날짜에 납부하지 않고 늦게 내면 어떻게 될까요? 만기수령일이 늦춰질 것입니다. 이것을 이연만기일이라고 합니다. 총 이연일수를 총 납입횟차로 나눈 수만큼 만기일이 뒤로 밀려납니다. 예를 들어 1년 정기적금에 가입하면 한 달에 한 번씩 불입하는 것이니 총 납입횟차는 12회차입니다. 만약 정상 납입일보다 늦게 납부해 12일의 총 이연일수가 발생했다면 이를 총 납입횟차 12로 나눈 값만큼 만기가 늦어집니다. 만기가 하루 늦어지는 것이죠.

그럼 제날짜보다 일찍 선납하면 만기일은 어떻게 될까요? 만기수령일은 그대로입니다. 선납했다고 이자를 더 주거나 만기를 앞당겨주지는 않습니다. 다만 이연만기일이 발생할 경우 이연일수에서 선납일만큼 차감받을 수 있습니다. 예를 들어 정기적금을 매달 10일에 납입해야 하는데 매달 조금씩 늦게 납부해 총 이연일수가 30일이라고 가정해봅시다. 그다음 달부터 여유가 생겨 납입일보다 일찍 납부해 선납일수가 30일이 되었다면 총 이연일수 30일에서 차감해 제날짜에 이자를 수령하게 됩니다.

이렇게 선납일과 이연일수만 동일하게 맞추면 가입자가 임의적으로 늦게 내고 미리 내어도 제날짜에 원금과 이자를 수령할 수 있습니다. 무엇보다 선납과 이연을 활용하면 더 많은 이자를 받을 수 있습니다. '이율에 따라 이자는 고정되어 있는데 더 많은 이자를 받을 수 있다고? 그게 무슨 말이야?'라고 생각할 수 있습니다. 자세한 내용은 후술하겠습니다.

그럼 어떻게 선납과 이연을 활용할 수 있을까요? 우선 선납이연 방식을 활용할 수 있는 금융상품을 찾아야 합니다. 선납이연이 가능한 상품의 특징은 다음의 3가지입니다.

첫째, 한 달에 한 번 동일한 금액을 불입하는 정기적금 상품만 선납이연 방식이 활용됩니다. 자유적금은 월 불입금 한도 내에서 언제든 자유롭게 납입이 가능하므로 정기적금처럼 선납과 이연이 존재하지 않습니다.

둘째, 정기적금 상품의 경우 우대금리 조건에 자동이체가 포함되어 있는지 확인해야 합니다. 우대금리 조건에 포함되어 있다면 선납이연을 하기에 좋은 조건은 아닙니다. 기본금리는 적은데 자동이체 조건으로 우대금리를 많이 준다거나, 우대금리 조건에 선납과 이연을 활용하기 불리한 조건이 있다면 그냥 넘기는 게 좋습니다. 자동이체 우대 조건이 있더라도 이율 혜택이 미미하다면 우대금리를 포기하고 선납이연 방식을 활용하면 됩니다.

셋째, 정기예금 금리와 정기적금 금리가 어느 정도 차이가 있어야 합니다. 정기예금의 금리보다 정기적금의 금리가 월등히 높으면 좋습니다. 아니면 최소한 0.5%p 이상은 차이가 나야 합니다. 금리 인상기에는 고금리 적금이 자주 나옵니다. 그런 상품 위주로 선납이연을 적극 활용하면 이자도 기쁨도 배가 됩니다.

자, 그럼 선납이연에 대한 기본적인 틀이 잡혔으니 이제 구체적인 방

■ 1월 1일에 매달 100만 원 한도로 12개월 정기적금을 가입할 때

'6-1-5' 방식

납입 구분	납입일	납입횟차	납입금액
가입일	2024년 1월 1일	6	600만 원
중간	2024년 7월 2일	1	100만 원
만기 전날	2024년 12월 31일	5	500만 원

'1-11' 방식

납입 구분	납입일	납입횟차	납입금액
가입일	2024년 1월 1일	1	100만 원
중간	2024년 7월 1일	11	1,100만 원

법과 전략을 알아보겠습니다. 가장 많이 활용되는 방식은 '6-1-5'와 '1-11'입니다.

'6-1-5' 방식은 가입 시점에 1~6회차까지 6개월치 납입액을 한 번에 내고, 가입기간 중간인 6개월 시점에 7회차 납입액 1개월치를 내고, 만기 직전일에 8~12회차까지 5개월치를 납입하는 방식입니다. 1-11방식은 가입 시점에 1회차 1개월치를 내고, 가입기간 중간인 6개월 시점에 2~12회차인 11개월치를 몰아서 납입하는 방식입니다. 선납이연이 유리한 이유는 가입 시 적금 이율과 만기에 받는 이자는 딱 정해져 있지만, 예금에 가입할 목돈을 최대한 활용하고 적금 가입액을 높임으로써 예금 이자보다 더 많은 이자를 기대할 수 있기 때문입니다.

■ ■ ■

1. 당장 목돈이 있다면 '6-1-5' 방식

'6-1-5' 방식은 가장 많이 활용되고 있는 방식이자 이자를 극대화할 수 있는 효율적인 방식입니다. 숫자의 의미는 납입횟차입니다. 1년을 기준으로 정기적금은 총 12회차를 납입해야 하는데 이를 '6회차-1회차-5회차'로 나누어 납입하는 방식입니다. 다시 말해 가입하는 날에 6회차에 해당하는 6개월치를 한 번에 몰아서 내고, 가입기간 중간인 6개월 시점에 7회차 납입액인 한 달치만 냅니다. 그리고 만기일 전날에 나머지 8~12회차에 해당하는 5개월치를 한 번에 납입하는 것입니다. 이때 만기 전날 납입하는 5개월치는 적금담보대출을 활용합니다.

■ '6-1-5' 방식

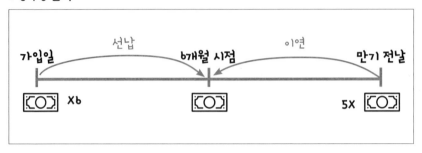

꼭 1년 만기를 고집할 필요는 없습니다. 만약 적금의 계약기간이 2년, 3년, 4년, 5년이라면 6:1:5 비율로 기간을 잡으면 됩니다. 중간에 1개월 치만 불입하는 것은 변하지 않고 나머지는 비율대로 곱하면 됩니다.

1년 만기: '6-1-5' 방식

2년 만기: '12-1-11' 방식

3년 만기: '18-1-17' 방식

4년 만기: '24-1-23' 방식

5년 만기: '30-1-29' 방식

공식이 간단하니 엑셀로 직접 계산하거나, 포털사이트에서 '선납이연 날짜계산기' 또는 '앨리스선납이연계산기'를 검색해 날짜를 대입해보기 바랍니다.

'6-1-5' 방식은 적금의 납입횟차는 총 12회차지만 이 중 7회차까지만 갖고 있는 목돈으로 나누어 가입하면 됩니다. 만약 목돈 4,200만 원이 있다고 가정해봅시다. 선납이연을 활용한다면 매월 600만 원씩 납입하는 1년짜리 정기적금에 가입할 수 있는 돈입니다. 600만 원씩 12개월이면 만기까지 7,200만 원이 필요한데 4,200만 원만 있으면 된다니 의아할 것입니다. 7회차까지 납입한 후 나머지 8~12회차인 5개월치는 가입한 적금을 담보로 대출을 받아서 납부하면 됩니다.

목돈 4,200만 원 중 첫 달에 가입금 600만 원과 6회차까지 납입금을 미리 납입하면 총 3,600만 원을 가입 첫날 불입하게 됩니다. 남은 600만 원은 가입기간의 절반인 6개월 시점에 7회차로 불입해야 합니다. 이 돈을 그때까지 갖고만 있는 것은 손해겠죠? 이 돈은 6개월짜리 정기예금에 넣어둡니다. 6개월 뒤에 만기가 돌아오면 1개월치인 600만 원을 7회차로 불입하면 됩니다. 그리고 만기 전날 해당 적금을 담보로 5개월치 납입금을 대출해 적금을 불입하면 불과 4,200만 원으로 7,200만 원을 불입해야 받을 수 있는 이자를 누릴 수 있습니다.

예적금 담보대출의 경우 불입액을 담보로 90~95% 수준까지 대출이 가능하기 때문에 부족한 3천만 원은 충분히 해소 가능합니다. 4,200만 원의 90%만 잡아도 3,780만 원이기 때문이죠. 예적금 담보대출의 경우 신용점수에 큰 영향이 없기 때문에 안심해도 좋습니다. 신용점수는 만기 때 갚고 나면 다시 원상 복귀됩니다. 단 하루만 빌리는 것이니 크게 신경 쓸 필요는 없습니다.

대출 이자도 미미합니다. 예적금 담보대출은 금리가 미미할 뿐만 아니라, 설사 조금 높다 해도 하루치에 대한 이자만 내는 것이기 때문에 소액에 불과합니다. 즉 빌리는 날에 대해서만 이자가 발생합니다. 예를 들어 1천만 원을 빌릴 경우 대출 금리가 10%라고 해도 하루치 이자는 2,700원 정도입니다.

'6-1-5' 방식의 핵심은 내가 가진 목돈보다 더 큰 규모의 적금에 가입할 수 있다는 것입니다. 예적금 담보대출을 활용해 불입액 이상으로 가입이 가능하기 때문에 더 큰 이자를 누릴 수 있습니다.

> A: 정기예금 이자
>
> B: 정기적금 이자+1회차 적금 불입액의 6개월치 이자-하루치 대출 이자(5회차 적금 불입액)

선납이연은 A보다 B의 실이득이 높을 때 활용해야 합니다. 1회차 적금 불입액의 6개월치 이자는 예금 또는 파킹통장으로 굴립니다. 참고로 대출 이자는 주말을 끼면 하루치가 아닌 2~3일치가 발생할 수 있습니다.

그럼 '6-1-5' 방식을 활용했을 때, 그리고 같은 돈을 그냥 예금으로만 묶어둘 때 이자는 어느 정도 차이를 보일까요? 나에게 4,200만 원이 있다고 가정해봅시다. A신협의 특판 정기예금의 금리가 1년 기준 연 4.5%이고, B신협의 특판 정기적금의 금리가 1년 기준 연 6%입니다. 이 상황에서 내가 가진 돈을 A신협의 예금에 묶어두는 것이 나을까요, 아니면 선납이연을 활용해 B신협의 적금에 가입하는 것이 나을까요?

> A신협 예금(연 4.5%) 세전 이자=189만 원
>
> B신협 적금(연 6%) '6-15' 방식 세전 이자=242만 원

두 방식을 비교하면 이자 차이만 무려 53만 원에 달합니다(세전 기준). B신협 적금에 '6-1-5' 방식을 적용한 과정은 다음과 같습니다.

1. 가입 첫날 6개월치인 3,600만 원 불입
2. 7개월차까지 남은 600만 원은 예금(연 3%)으로 굴리다 납입(세전 이자 9만 원)
3. 만기 전날 대출(연 7%)을 받아 남은 5개월치 납입(대출 이자 하루치 5,750원)

고금리 적금일수록 효과는 극대화될 것입니다. 예금보다 적금의 금리가 1.5%p 이상 높다면 선납이연 방식을 적극 활용하기 바랍니다.

이보다 이자를 더욱 극대화할 수 있는 방법은 무엇일까요? 만일 중간(7회차)에 납입할 1개월치 불입액을 6개월 뒤에 별도로 마련할 수 있다면, 처음부터 목돈을 7회차로 나누는 게 아니라 6회차로 나눠 가입 첫날 4,200만 원 전액을 적금에 불입하는 방법이 있습니다. 6개월 시점에 1개월치 불입액 700만 원만 마련하면 됩니다. 1년 기준 연 6% 적금이라면 이 경우 만기 세전 이자는 무려 273만 원입니다. 하루치 대출 이자 7,600원가량을 내도 272만 원입니다. A신협 예금에 그냥 묵혔을 때와 비교하면 83만 원 차이입니다.

∙ ∙ ∙

2. 당장 목돈이 없다면 '1-11' 방식

당장 목돈은 없는데 고금리 적금이 눈에 들어온다면, 또는 추후에 목돈

■ '1-11' 방식

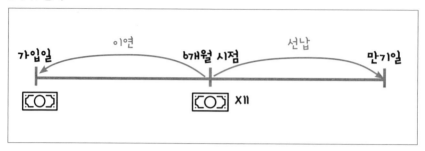

이 생길 예정이라면 '1-11' 방식을 권합니다. '1-11' 방식은 '6-1-5' 방식과 반대로 당장 목돈이 없을 때 이용하기 좋은 방식입니다. 목돈이 있더라도 적금담보대출 없이 내가 가진 돈만 굴리고 싶다면 '1-11' 방식을 이용하는 것이 좋습니다.

'1-11' 방식은 가입하는 날 1회차만 납입하고, 납입 기간의 절반이 되는 6개월 시점에 남은 11개월치를 한 번에 몰아서 납부하는 방식입니다. '1-11' 방식은 1년 만기 기준이며 적금의 계약기간이 2년, 3년, 4년, 5년이라면 다음의 비율이 적용됩니다.

1년 만기: '1-11' 방식(중간 납입 6개월 시점)

2년 만기: '1-23' 방식(중간 납입 12개월 시점)

3년 만기: '1-35' 방식(중간 납입 18개월 시점)

4년 만기: '1-47' 방식(중간 납입 24개월 시점)

5년 만기: '1-59' 방식(중간 납입 30개월 시점)

1년 만기 기준인 '1-11' 방식을 자세히 살펴보겠습니다. 숫자 1은 1회차로 정기적금에 가입할 때 불입하는 첫 번째 불입액을 말합니다. 뒤에 11은 2회차부터 12회차까지 한 번에 몰아서 내는 11개월치 불입액을 말합니다. 11개월치는 선납과 이연의 합이 0이 되는 지점, 즉 가입기간의 중간쯤에 몰아서 내면 됩니다. 만약 1년 만기라면 6개월 시점인 7회차에, 2년 만기라면 12개월 시점인 13회차에, 3년 만기라면 18개월 시점인 19회차에, 4년 만기라면 24개월 시점인 25회차에, 5년 만기라면 30개월 시점인 31회차에 몰아서 납부합니다.

A: 1회차 적금의 가입액 12개월 예금 이자+2~12회차 적금의 11개월치 불입액 6개월 예금 이자

B: 정기적금 이자

선납이연은 A보다 B의 실이득이 높을 때 활용해야 합니다.

특판으로 1년 만기 6%짜리 적금이 나왔다고 가정해봅시다. 당장 목돈이 없지만 6개월 뒤에 3,850만 원이 생길 예정입니다. 이 경우 3,850만 원을 11개월로 나눈 액수, 즉 매달 350만 원씩 납입하는 정기적금에 가입하면 됩니다. 첫 달에 가입금액 350만 원을 마련해서 납입하고, 이후 중간에 11개월치인 3,850만 원을 납입하는 것입니다. 이렇게 만기를 채우면 원금은 4,200만 원, 세전 이자는 136만 5천 원입니다.

만약 '1-11' 방식이 아닌 1년 만기 연 4.5% 정기예금으로 돈을 굴린다면 실이자는 얼마나 차이가 날까요? 첫 달 납입금(350만 원)을 정기예금

으로 1년간 굴리고(A), 6개월 뒤 생기는 목돈(3,850만 원)을 6개월간 정기예금으로 굴리면(B) 세전 이자는 다음과 같습니다.

A 세전 이자=15만 7,500원

B 세전 이자=86만 6,250원

A+B=102만 3,750원

똑같이 4,200만 원을 굴렸는데 '1-11' 방식과 비교하면 34만 1,250원 차이가 발생한 것입니다. 이처럼 동일한 돈을 굴리더라도 방식에 따라 차이는 벌어질 수 있습니다.

지금까지 '6-1-5' 방식과 '1-11' 방식을 살펴봤습니다. 여기서 또 한 가지 알 수 있는 점은 4,200만 원이란 돈을 똑같이 굴렸음에도 선납이연 방식에 따라 이자 차이가 발생한다는 것입니다. '6-1-5' 방식의 경우 일반 예금과 이자 차이는 53만 원, '1-11' 방식의 경우 일반 예금과 이자 차이는 34만 원이므로 '6-1-5' 방식이 '1-11' 방식에 비해 이자가 19만 원 많음을 알 수 있습니다. 따라서 선납이연 방식 중 이자를 극대화할 수 있는 방법은 '6-1-5' 방식입니다. 이 밖에 '1-6-5' 방식 등 선납이연 방식은 다양합니다.

그렇다면 예금과 적금의 금리 차이는 얼마나 나야 이득일까요? 기억해야 할 부분은 선납이연 방식은 예적금의 금리 차이가 최소 0.5%p 이상 벌어져야 실이득을 체감할 수 있다는 것입니다. 예를 들어 예금과 적금의 금리 차이가 0.3%p일 때 4,200만 원을 '6-1-5' 방식으로 굴릴 경우 그

낭 예금에 넣었을 때와 이자 차이는 3만 원가량입니다. 4,200만 원이란 큰돈을 굴렸음에도 3만 원가량 차이가 난다면, 이보다 적은 금액일 경우 시간 대비 노력 면에서 기대치가 매우 적다는 것입니다. 납입액이 소액일 경우 납입일을 준수하고 만기 전날 대출을 받는 등 과정이 매우 번거롭기 때문에 크게 권장하지는 않습니다. 최소 0.5%p 이상은 차이가 나야 시도해볼 만한 것입니다.

선납이연은 다음의 3가지를 염두에 둬야 합니다.

1. 선납이연은 예금보다 적금 금리가 높을 때 활용한다(최소 0.5%p 이상).
2. 선납일수가 많다고 적금 만기를 앞당기거나 이자를 더 받는 것은 아니다.
3. 자유적금이 아닌 정기적금 상품만 해당된다.

은행이 선납이연을 방지하지 않는 이유가 궁금할 것입니다. 은행은 고객의 선납이연 여부를 크게 신경 쓰지 않습니다. 선납이연을 하든 안 하든 은행은 그냥 정해진 이자만 지급하면 되기 때문입니다. 다시 말해 정기적금만 놓고 보면 정해진 이자 외에 우리가 은행에서 더 받는 돈은 없습니다. 단지 선납이연 방식은 내가 가진 돈을 탄력적으로 활용하고 운용하는 전략일 뿐입니다.

그렇다면 모든 은행의 적금 상품에 선납이연 방식이 적용될까요? 대체로 적용된다고 볼 수 있습니다. 하지만 제1금융권의 경우 이 방식을 사용하더라도 효용성이 떨어지는 편입니다. 아무래도 제1금융권은 제2금융권보다 이율이 높지 않기 때문이죠. 또 금리가 높은 상품은 정기적금보다는 주로 자유적금 위주로 판매되고 있습니다. 자유적금은 선납이연을 적용하기 어렵습니다. 제1금융권은 특판 상품이 나오더라도 월 납입액 한도가 적거나, 우대금리 조건에 자동이체가 포함되는 등 선납이연을 활용하기 어려운 부분이 많습니다.

제2금융권은 아직까지 선납이연을 활용해 이자를 극대화할 수 있는 상품이 많습니다. 신협, 새마을금고, 농·축협, 저축은행 등이 출시한 적금 상품을 보면 비교적 약정이 단순해 선납이연을 활용하기 용이합니다. 또 우대금리 조건이 붙어 있어도 선납이연과는 크게 관련 없는 경우가 많습니다. 말 그대로 선납이연의 청정지역인 셈입니다.

선납이연 가능 여부를 알 수 있는 가장 확실한 방법은 약관을 확인하는 것입니다. 만일 약관에 '총 지연일수에서 총 선납일수를 뺀 순지연일수에 대해 만기일을 늦출 수 있다'와 유사한 표현이 나오면 선납이연이 가능하다고 보면 됩니다. 가끔 약관을 보고 '선납 이자는 지급하지 않는다' 하는 문구 때문에 선납이연이 안 된다고 생각하는데, 이 문구는 임의로 납입액을 미리 불입한다고 이자를 더 주거나 하지는 않는다는 내용일 뿐입니다.

그럼 선납이연 시 깜박하고 납입 예정일보다 불입을 늦게 하면 어떨까요? 이 경우 만기 지연이 가능한지 알아봐야 합니다. 만기 지연은 금융기관에 따라 조건이 다릅니다. 중요한 점은 각 금융기관이 정한 불입횟차를 충족하지 못할 경우 만기에 중도해지될 수 있다는 것입니다. 예를 들어 신협은 '계약기간의 1/2회차 불입 시 2배 기간 연장 가능, 월 적금의 경우 만기 전까지 최소 6회차 이상 납입해야 중도해지 방지 가능', 수협(단위)과 새마을금고는 '계약기간의 2/3회차 불입 시 1.5배 기간 연장 가능', 농협(단위)과 산림조합은 '24개월 이하 상품은 계약기간의 1/2회차 불입 시 2배 기간 연장 가능, 24개월 초과 상품은 계약기간의 2/3회차 불입 시 1.5배 기간 연장 가능'으로 조건이 조금씩 다릅니다. 이처럼 불입횟차를 채우면 만기 지연이 가능해 이자를 손해 없이 그대로 찾을 수 있습니다. 예를 들어 새마을금고의 경우 12개월 적금에 가입했다면 만기 전까지 최소 8회차 이상 납입해야 만기 지연이 가능합니다.

참고로 만기 지연은 다음의 3가지 상황에서도 활용하기 좋습니다.

1. 금리 인하 우려로 고이율의 정기적금을 선점하고 싶을 때
2. 세금 걱정으로 만기를 그다음 해로 넘기고 싶을 때
3. 정기적금 이율이 높아 가입은 하고 싶은데 당분간 불입이 힘들 때

예적금 만기 후 이율 확인하기

    가입한 예적금의 만기가 도래하면 보통 곧바로 돈을 찾아가는 경우가 많습니다. 하지만 사정이 있어 잠깐 해지하지 않고 돈을 맡겨야 하는 상황이라면 또는 예금으로 다시 맡길 예정인데 가입 시점보다 금리가 많이 떨어져 있다면 어떨까요? 만기 재예치를 지원하는 상품이 아니라면, 혹은 만기 시 자동으로 해지되는 조건이 없다면 만기 후 그대로 갖고 있는 것도 한 방법일 수 있습니다. 왜냐하면 만기 시점부터 한 달까지는 가입 당시의 약정이율을 그대로 적용받을 수 있기 때문입니다.

    예를 들어 정기예금을 2023년 1월 1일에 1년 만기 연 5%로 약정해 가입했다고 가정해봅시다. 이 상품의 만기일은 2024년 1월 1일입니다.

만약 2024년 2월 1일에 이 돈을 써야 한다면 보통 2024년 1월 1일 만기 때 해지하고 잠시 파킹통장이나 일반 입출금통장에 넣어둘 것입니다. 그런데 만기 후 한 달까지는 가입일 당시 약정이율을 적용받을 수 있기 때문에, 만일 그동안 금리가 내려가 만기일 기준 적용되는 금리가 연 4%라면 잠시 해약하지 않는 게 이득입니다. 만기일 2023년 1월 1일부터 1월 31일까지 연 5% 이율을 적용받을 수 있기 때문입니다.

참고로 정기예금만 가능한 것이 아니라 자유적금, 정기적금 모두 해당됩니다. 한 달 이후에는 은행마다 적용되는 약정이율이 다르기 때문에 이 부분은 따로 확인이 필요합니다. 보통 만기 후 1개월 이상~3개월 미만일 경우 만기일 당시 신규 약정이율의 1/3, 만기 후 3개월 이상~6개월 미만일 경우 만기일 당시 신규 약정이율의 1/6, 만기 후 6개월 이상일 경우 예금 이율 연 0.1%를 적용합니다. 예시일 뿐 은행마다, 상품마다 다르니 이 부분은 확인이 필요합니다.

결론은 만기가 지났다고 해서 돈을 바로 찾을 필요는 없다는 것입니다. 만기 이후에도 한 달 정도는 갖고 있어도 괜찮습니다. 이 부분은 파킹통장과 같은 다른 단기 상품의 이율과 비교해본 다음 판단하기 바랍니다. 아무래도 파킹통장은 예금 금리보다 낮은 게 일반적이며, 일반 입출금통장 또한 이율이 낮은 경우가 많습니다.

자유적금, 현명하게 활용하기

　자유적금이란 계약기간을 정해놓고 만기까지 금액과 횟수에 상관없이 자유롭게 불입할 수 있는 상품을 말합니다. 자유적금은 일반적으로 정기적금보다 금리가 낮으며 예금 금리와 비슷한 수준입니다.

　자유적금의 장점은 무엇일까요? 금리는 낮지만 불입액과 납입횟수가 제한 없이 자유롭기 때문에 언제든지 돈이 생길 때마다 수시로 불입할 수 있습니다. 여유자금을 단순히 파킹통장, 입출금통장에 방치하기보단 자유적금을 이용하는 것이 유리합니다. 또한 수입이 일정하지 않다면 정기적금보다는 자유적금이 유리합니다. 수입이 일정하다면 매월 동일한 금액을 동일한 날짜에 불입하는 정기적금이 좋지만 프리랜서, 일용직 아르바이트, 개인사업자 등 수입이 불규칙한 날이 많다면 자유적금을 선택하는 것이 좋습니다.

월급이 일정한 근로자일지라도 자금의 일부는 자유적금에 불입하는 것이 좋습니다. 왜냐하면 명절 용돈, 휴가비, 상여금 등 부가적으로 발생하는 자금이 있기 때문입니다. 아무런 계획 없이 여윳돈이 생기면 막 써버리는 경우가 적지 않습니다. 정기적금과 더불어 관리하는 자유적금이 있다면 유혹을 뿌리치기 용이할 것입니다.

한 가지 더 고민해야 할 부분은 무조건 금리만 따져서 상품에 가입하기보다는 얼마나 끈기 있게 꾸준히 불입할 수 있는 상품인지 확인하는 것입니다. 물론 '금리가 높은 정기적금을 두고 굳이 자유적금에 가입해야 하나?' 하는 생각이 들지 모릅니다. 정기적금은 한 달에 한 번만 정해진 액수만큼 불입 가능한 상품입니다. 반면 자유적금은 납입액이 딱 정해져 있지 않기 때문에 때로는 더 많이, 더 자주 불입할 수 있습니다. 즉 금리로만 따지면 자유적금이 불리하지만 원금이 늘어나면 늘어날수록 만기 시 지급되는 이자도 커진다는 점을 기억해야 합니다. 그러니 꼭 정기적금을 고집할 필요는 없습니다.

그렇다면 자유적금은 어떤 상품을 고르는 게 좋을까요? 자유적금은 월 불입액 제한이 없는 상품, 만기까지 최대한 많이 불입할 수 있는 상품, 그중에서도 금리가 높은 상품을 고르는 게 핵심입니다. 은행마다 전체적인 틀, 그러니까 수시 납입 여부와 납입횟수 등은 비슷하지만 세부적인 조항은 다를 수 있습니다.

은행마다 약관상 규정은 조금씩 다르지만 만기가 다가올수록 입금에 제한을 두는 경우가 많습니다. 약관에 다음과 같은 문구는 없는지 확인한 다음 상품을 선택하기 바랍니다.

'계약기간이 1년 이상인 경우, 만기지급일 1개월 이전부터 만기지급일 전일까지 입금 가능금액은 가입금 월평균 금액의 3배 이내'

'계약기간의 3/4 경과 후 잔여기간 동안 입금할 수 있는 금액은 그 이전 납입 누계액의 1/2에 해당하는 금액까지만 입금할 수 있다. 단 계약기간이 3개월 미만인 경우 적용하지 않는다.'

'만기 1개월 이내에는 전월의 입금액을 초과해 입금할 수 없다.'

왜 이런 제한을 둘까요? 초반에는 적은 금액을 불입하다가 만기가 다가올수록 불입액을 늘리면 은행 입장에서는 이자를 더 줘야 해서 그렇습니다. 자유적금의 이자 계산은 정기적금과는 조금 다릅니다. 1년 만기 시 계산방법은 다음과 같습니다.

자유적금 이자=입금액×약정이율×예치일수÷365

자유적금의 이자 계산 방식이 다른 이유는 정기적금처럼 일정한 날짜에 정액으로 불입하는 것이 아니기 때문입니다. 말 그대로 자유롭게 불입하는 상품이어서 언제, 얼마를 불입할지 아무도 모릅니다. 따라서 실제 납입한 날짜를 기준으로 가입 시 확정된 금리를 납입액에 적용해 이자를 산출합니다. 매번 납입 시점과 납입액이 다르므로 각각 산출된 이자를 합산해 만기에 한꺼번에 수령하는 것입니다.

이러한 이자 계산 방식을 이해했다면 맨 처음 가입 시점에 납입한 금액에 대한 이자 계산이 예금 이자 계산 방식과 동일하다는 것을 알 수 있습니다.

정기예금 이자=입금액×약정이율

자유적금 첫 납입액 이자=입금액×약정이율×365÷365

산식을 보면 가입 첫날 납입한 금액은 1년 만기 기준 예치일수 365일이니 '365÷365'는 결국 '1'입니다. 따라서 자유적금 가입 시섬에 불입한 금액은 정기예금에 불입한 것과 이자 계산 면에서 동일합니다.

정기예금 이자=자유적금 첫 가입액에 대한 이자

우리는 이 부분을 잘 활용해야 합니다. 이따금씩 특판으로 고금리 자유적금이 나오기 때문입니다. 월 불입액에 제한이 없고 여타 정기예금 금리보다 높다면 자유적금을 정기예금처럼 굴릴 수 있습니다.

예를 들어 1천만 원의 목돈을 1년간 예치할 예정이라고 가정해봅시다. 그런데 정기예금 A의 금리가 연 5.5%이고, 특판 자유적금 B의 금리가 연 5.8%입니다. 이럴 경우 해당 자유적금에 월 불입액 제한은 없는지 확인합니다. 은행에 전화로 문의해도 좋고, 상품설명서를 확인해도 좋습니다. 만약 월 불입액 제한이 없는 상품이라면 자유적금 가입 첫날 1천만 원을

모두 넣습니다. 정기예금에 맡겼을 때와 세전 이자를 비교해보면 다음과
같습니다.

정기예금 A 이자=1천만 원×5.5%=55만 원

자유적금 B 이자=1천만 원×5.8%×365÷365=58만 원

　동일하게 1천만 원을 맡겼지만 자유적금 B의 이자가 더 많다는 것을
알 수 있습니다. 또 정기예금은 추가 불입이 불가능하지만 자유적금은 만
기까지 자유롭게 가능하기 때문에 만기까지 이자를 더 받을 수 있습니
다. 이처럼 자유적금의 특성을 잘 파악하면 효율적으로 목돈을 굴릴 수
있습니다.

　한 가지 팁을 더 드리자면, 당장 돈은 없는데 고금리 자유적금 특판이
나왔다면 우선 최소 금액으로 가입해두고 불입 제한일 이전에 목돈이 생
기면 그때 불입하는 것입니다. 그러면 만기까지 남은 잔여기간만큼 고금
리 혜택을 누릴 수 있습니다. 만일 금리가 점점 떨어지는 시점이라면 고
금리 상품이 나올 때마다 최대한 만기일을 길게 잡아 여러 개 가입하길
권합니다.

회전 정기예금이란 무엇인가?

회전식 정기예금이란 예금의 만기를 길게 설정해 주기별로 자동으로 재예치되는 상품으로, 회전 주기마다 변동금리가 적용됩니다. 회전 주기는 가입자가 정할 수 있는데 보통 3·6·9·12개월 단위로 설정 가능합니다. 모든 상품이 그런 것은 아니고 12개월 단위로만 회전하는 상품도 존재합니다. 회전 정기예금에 가입하면 회전 주기마다 자동으로 원금이 재예치되며, 이자는 첫 회전 주기 때 약정된 금리가 적용됩니다. 다만 두 번째 회전 주기 때부터는 적용되는 금리가 달라집니다.

이자는 회전 주기가 돌아올 때마다 수령할 수 있습니다. 예를 들어 2024년 1월 1일에 만기 5년, 회전 주기 12개월, 연 5% 이자를 주는 상품에 가입했다고 가정해봅시다. 이 경우 5년 동안 연 5%가 적용된다고 착각할 수 있지만 그렇지 않고 단지 5년까지 연장만 가능하다는 것입니다. 가입 시점부터 12개월간 연 5%가 적용됩니다. 두 번째 회전 주기가 돌아오면 그 시점에 맞는 예금 금리가 적용됩니다. 오랫동안 묵힐 수 있는 돈이 있는데 만기 때마다 해지하기 번거롭다면 회전 정기예금을 이용하는 것도 한 방법입니다. 예시로 든 상품의 경우 5년간 회전 주기에 따라 알아서 재예치된다는 장점이 있습니다. 다만 재예치 시 이자를 제외한 원금에 대해서만 이율이 적용됩니다.

그럼 예금 만기 전에 중도해지하면 어떻게 될까요? 5년 만기, 회전 주기 12개월 상품인데 15개월만 유지하고 해지하면 어떻게 될까요? 간단히 말하면 중도에 해지해도 이전에 받은 정상이자에는 전혀 영향을 주지 않습니다. 다만 회전 주기를 다 채우지 못한 부분에 대해선 약관에 따라 조금씩 다릅니다. 보통 회전 주기를 채운 시점까지는 정상이자를 주고, 그다음 회전 주기를 채우지 못한 부분은 중도해지 이자를 지급합니다.

15개월 시점에 중도해지를 하면 12개월의 회전 주기 시점까지는 정상이자 5%가 지급되고, 3개월은 중도해지 이자가 적용됩니다. 만약 약관상 중도해지 이자가 연 0.3%라면 '12개월(연 5%)+3개월(연 0.3%)'에 해당하는 이자를 수령하게 됩니다. 그런데 간혹 중도해지 이자가 아닌 해당 회전 주기에 적용되는 이율을 그대로 주는 상품도 있습니다. 예를 들어 12개월 회전 주기 시점까지 정상이자 연 5%가 적용되는 것은 동일하지만, 그다음 3개월에 대해 다음 회전 주기에 적용되는 연 4.5%을 보장하는 것입니다. '12개월(연 5%)+3개월(연 4.5%)'에 해당하는 이자를 수령하는 것이죠.

이처럼 상품에 따라 중도해지 시 받을 수 있는 이자가 다르지만, 사실 상품을 고를 때 이 부분까지 염두에 두고 선택하는 사람은 많지 않습니다. 은행에서도 적극적으로 알리려 하지 않고요. 회전 정기예금의 경우 만기가 긴 만큼 이렇게 중도해지에 대한 부분도 신경을 써야 합니다.

회전 정기예금의 장점은 만기 시점까지 크게 신경 쓰지 않아도 자동으로 재예치가 가능하단 점입니다. 만약 해외에 장기간 체류해야 한다거나 요양 때문에 예금 관리가 어렵다거나 당분간 군생활을 해야 한다면 해당 상품을 적극적으로 활용해보기 바랍니다. 또 중간에 얼마든지 해지가 가능하니 만기가 길다고 겁먹을 필요는 없습니다.

또 한 가지 팁을 드리자면, 조만간 필요한데 언제 써야 할지 모르는 목돈이라면 회전 주기를 3개월, 6개월로 짧게 가져갈 수 있습니다. 잠깐 넣어두는 파킹통장보다는 대체로 이율이 높은 편입니다.

PART 2

은행, 현명하게 이용하기

CASH BACK

고 과장은 최근 부업을 시작했습니다. 곧 태어날 아이를 위해 목돈도 만들고 싶고, 또 고생한 아내에게 작은 선물도 하고 싶어 N잡러가 되었습니다. 시간을 쪼개 부업으로 번 소중한 돈을 차곡차곡 모으던 중 '더 빠르고 확실하게 모을 수 있는 방법은 없을까?' 하는 생각이 들었습니다. 목적이 확실한 자금이다 보니 주식, 펀드처럼 원금 손실의 위험이 큰 상품은 고려 대상이 아니었습니다. 고 과장은 은행을 이용하더라도 안전하게, 확실하게 모으고 불릴 수 있는 방법은 없는지 고민합니다.

안전하게 은행 거래하는 방법 ①

은행에 돈을 맡기고도 불안한 때가 있다면 언제일까요? 여러 가지 요인이 있겠지만 경제에 빨간불이 켜지면 은행도 믿지 못하겠다며 불안을 느끼는 경우가 많습니다. 은행이라고 흔들림 없이 영속적으로 영업을 하는 것은 아니니까요. 실제로 1997년 IMF 외환위기 당시 대동은행, 동남은행, 동화은행, 경기은행이 문을 닫았고 2000년대에는 조흥은행, 상업은행, 서울은행 등이 문을 닫은 바 있습니다. 해외에서는 2008년 한때 미국의 4대 투자은행이었던 리먼브라더스가 파산한 바 있고, 2023년 급격한 금리 인상으로 미국 실리콘밸리은행(SVB)이 문을 닫기도 했습니다.

가장 최근 사례인 실리콘밸리은행 파산 사태를 잠깐 살펴보겠습니다.

1983년 설립된 실리콘밸리은행은 캘리포니아주, 매사추세츠주에서 17개 지점을 보유한 신생 기술기업 전문 상업은행으로 주요 고객층은 실리콘밸리의 스타트업, 즉 벤처기업이었습니다. 벤처투자기관으로부터 받은 자금을 관리하고 유망 스타트업에 저금리 대출을 제공하는 등 여러 관련 업무를 맡고 있었는데요. 스타트업을 대상으로 하는 특화 은행이다 보니 특정 분야에 지나치게 편중되어 있어 시장 변동성과 부실 위기에 취약할 수밖에 없는 구조였습니다.

미국이 물가를 잡기 위해 금리를 급격히 올리면서 실리콘밸리은행은 큰 타격을 받습니다. 2022년 0.5%였던 미국의 기준금리는 실리콘밸리은행 뱅크런 사태가 터진 2023년 3월 무렵에는 5% 수준까지 오른 상황이었습니다. 미국의 긴축 정책으로 기술기업들의 돈줄이 말라버리자 결국 실리콘밸리은행으로 유입되던 자금까지 끊긴 것입니다. 은행은 예대마진으로 먹고사는 곳입니다. 한쪽에서 예금 유입이 막히자 돈이 빠져나갈 대출 또한 제 기능을 못하게 되었고, 이른바 자금경색이 가속화되었습니다.

연준이 급격하게 금리를 인상하기 전까지만 해도 미국은 유동성이 풍부했습니다. 2018년부터 2022년까지 실리콘밸리은행의 수신잔액은 500억 달러에서 2천억 달러로 4배나 증가합니다. 코로나19 팬데믹에 대응하고자 연준이 시중에 유동성을 크게 늘리면서 많은 돈이 유입된 것입니다. 수신잔액이 크게 늘자 실리콘밸리은행은 적절히 돈을 굴릴 만한 곳이 필요해졌고, 상대적으로 안전하고 금리가 높은 국채와 중장기 채권에 투자하기 시작합니다. 보통 은행은 주로 단기 국채와 장기 국채, 그리고 공적 보증을 받은 주택저당증권과 같은 안전자산에 투자하는데요. 저금리 시대에는 아주 비일비재한 일이었습니다.

문제는 실리콘밸리은행이 중장기 채권에 많은 돈을 투입했다는 것입니다. 중장기 채권이란 짧게는 1년에서 길게는 10년까지 투자하는 채권을 말합니다. 알다시피 채권의 가격은 금리와 반대로 움직입니다. 시간이 지남에 따라 금리가 오르면서 금리가 낮을 때 산 채권의 가격이 하락하기 시작했고 실리콘밸리은행의 손실은 눈덩이처럼 불어납니다. 급격한 금리 인상으로 자금줄이 끊기자 결국 손해를 감수하고 채권을 팔아야 했는데 그 액수가 무려 18억 달러에 달했습니다.

실리콘밸리은행이 위기에 취약했던 이유는 고객층이 특정 분야에 편중되어 있었기 때문입니다. 고객 대부분이 기술기업이다 보니 예금자 보호 한도를 초과하는 예금이 90% 이상을 차지한 것입니다. 미국은 예금자 보호 한도가 25만 달러(한화 약 3억 3천만 원)인데 고객당 평균 예치액은 250만 달러(한화 약 33억 원)에 달했습니다. 실리콘밸리은행은 고객의 예치금을 돌려주기 위해 손실을 감수하고 채권을 팔아야 했고, 돈을 메우기 위해 추가로 22억 5천만 달러 규모의 유상증자 계획을 발표합니다.

유상증자 계획 발표 등 부정적인 기사가 잇따라 터지자 고객들은 패닉에 빠집니다. 시장참여자의 심리가 흔들리자 뱅크런은 더욱 가속화되었고, 그 결과 한때 미국 내 16번째 규모의 상업은행이었던 실리콘밸리은행은 역사 속으로 사라집니다. 미국에서 파산한 은행 중 역대 2번째 규모라고 합니다. 심리적인 요인으로 뱅크런이 발생하지 않았다면 과연 실리콘밸리은행이 파산했을까요? 여차저차 버텼다면 금리 인상 속도가 둔화되고 채권 가격이 조금씩 반등하면서 크게 문제되지 않았을지 모릅니다.

그럼 국내은행의 상황은 어떨까요? 미국의 금리 인상 여파로 한국도 금리가 높아진 상황입니다. 급격한 금리 인상으로 대출 금리까지 상승하면서 서민들의 목을 조였고 대출 연체가 급증했습니다. 높아진 예금 금리 탓에 자금조달비용 또한 늘어났습니다. 수익은 줄어들고 손실은 늘어나는 양상을 보이고 있습니다.

특히 PF대출을 취급하는 상호금융기관의 경우 그 문제가 더 심각합니다. 금리 인상으로 건설 경기가 바닥을 치게 되었기 때문입니다. 최근 자재비, 인건비 상승에 따른 자금난으로 도심 곳곳에서 공사가 멈추기도 하고 미분양이 급증했습니다. 이러한 문제는 건설사만의 문제로 끝나지 않습니다. 건설 경기가 호황일 때 나간 PF대출, 브릿지론, 관리형토지신탁 사업비 대출 등이 문제가 되고 있기 때문입니다. 자금 회수가 어려워지면서 상호금융권에 불똥이 튄 것입니다.

뱅크런을 언급하기엔 성급하지만, 운용수익은 줄고 연체율은 지속적으로 증가하면서 자금을 빌려준 금융기관이 흔들리고 있는 상황입니다. 언론에서 연일 보도되는 악재로 인해 불안감을 느끼는 시장참여자가 늘고 있습니다. 중요한 건 '부실을 겪게 되더라도 이것을 감당할 여력이 있는가?'인데 시장참여자의 심리가 개입되면 그것과 무관하게 은행은 무너질 수 있습니다. 마치 아주 적은 극소량의 잉크라 할지라도 물 위에 떨어지면 물 전체를 오염시키듯 뱅크런의 파급력은 상상을 초월합니다.

시장참여자의 불안이 커지면 결국 누가 피해를 보게 될까요? 부실 문제가 거론된 은행일까요? 아닙니다. 손해는 오히려 중도해지를 감행하는 소비자가 떠안게 됩니다. 중도해지하는 소비자가 늘어나면 은행은 이자를 덜 줘도 되니 이득입니다. 그럼 개인인 우리가 할 수 있는 일은 무엇일까요? 경제에 빨간불이 켜지면, 더 나아가 뱅크런의 가능성이 커지면 어떤 판단을 내려야 할까요? 사실 정답은 없습니다. 다만 사고가 났을 때 최대한 덜 다치기 위해 방어를, 그리고 예방을 잘하는 수밖에 없습니다.

리스크 관리를 위해 예금자 보호 한도에 대해 잘 알아둘 필요가 있습니다. 어떤 금융기관이든 예금자 보호 한도 내에서 돈을 굴린다면 적어도 은행이 망할 걱정은 하지 않아도 됩니다. 「예금자보호법」에 따라 5천만 원까지는 보호해주기 때문입니다. 그런데 예금보험공사라고 해서 정부가 보장해주는 것은 아닙니다. 정확히는 각 금융사로부터 십시일반 걷은 보험료를 바탕으로 파산 시 보험금을 지급해주는 형태입니다. 단 우체국예금은 국가가 전액 지급을 보장합니다.

상호금융권인 단위농협, 농·축협, 새마을금고, 신협, 수협 등은 각자의 관련 법률에 따라 각 중앙회에서 예금자보호기금을 조성해 예금자를 보호합니다. 간혹 예금보험공사에서 지급을 보장하는 것이 아니기 때문에 「예금자보호법」보다 부족하다고 오해하는데, 상호금융권도 마찬가지로 해당 금융기관의 법률에 의거해서 5천만 원까지 동일하게 지급을 보장합니다.

예를 들어 농협은 「농업협동조합의 구조개선에 관한 법률」, 새마을금고는 「새마을금고법」, 수협은 「수산업협동조합의 부실예방 및 구조개선에 관한 법률」, 신협은 「신용협동조합법」에 따라 각각의 중앙회에서 예금자보호기금을 조성해 예금자를 보호합니다.

예금자 보호 한도를 두고 어디서부터 어디까지 보장되는지, 또 금융기관별로 중복해서 보장되는 것인지 헷갈릴 수 있습니다. 이 부분은 다음의 3가지만 기억하면 됩니다.

$$\bullet \ \bullet \ \bullet$$

1. 제1금융권은 통합, 제2금융권은 별도 보장

제1금융권은 법인 하나로 운영되기 때문에 어느 지점이든 통합으로 5천만 원까지 보호되고, 제2금융권은 각각의 독립 법인체이기 때문에 같은 은행이라고 해도 은행명 앞에 붙는 명칭이 다르면, 즉 법인이 다르면 법인별로 각각 5천만 원씩 보호됩니다. 제1금융권이란 우리가 흔히 알고 있는 우리은행, 신한은행, KB국민은행, 하나은행과 같은 시중은행과 지방은행, 외국계 은행, KDB산업은행, IBK기업은행과 같은 특수은행, 그리고 카카오뱅크, 케이뱅크와 같은 인터넷 전문은행을 일컫습니다.

예를 들어 제1금융권인 신한은행에 예금을 불입한다고 가정해봅시다. 신한은행은 전국 850여 곳의 점포가 있지만 법인은 하나입니다. 따라서 어느 지점을 방문하든 신한은행과 거래를 텄다면 거래 내역과 실적 등이 공유되며 업무 처리도 일원화됩니다. 지점과 상관없이 하나의 법인이므로 어느 지점에서 예금을 하든 예금자 보호 한도도 딱 5천만 원까지입니다. 개별 지점별로 각각 보호되는 것이 아니기 때문에 2개 지점에서 계좌를 튼다고 한도가 1억 원으로 늘어나는 것은 아닙니다.

제2금융권은 상호금융기관과 저축은행을 일컫습니다. 제2금융권은 독립채산제로 운영되므로 각 은행별로 법인이 따로 있고 운용 방식과 수익률도 다르다고 볼 수 있습니다. 따라서 법인별로 각각 5천만 원씩 보호됩니다. 예를 들어 새마을금고 법인은 전국에 1,300여 개가 존재합니다. 영업점 수는 3,200개가 넘습니다. 개인이 A새마을금고, B새마을금고, C새마을금고와 거래를 튼다면 A새마을금고에서도 5천만 원, B새마을금고에서도 5천만 원, C새마을금고에서도 5천만 원을 보호받을 수 있습니다. 다만 A새마을금고가 본점도 있고 지점도 있는 경우라면 본점과 지점을 합해 5천만 원까지만 보호됩니다.

통상 새마을금고 앞에 붙는 명칭이 다르다면 별도의 법인이므로 각각 보호된다는 이해하면 됩니다. '성남동부'새마을금고, '마포중앙'새마을금고 이런 식으로 이름 앞에 고유의 명칭으로 별도의 법인인지 확인 가능합니다. '성남동부새마을금고 ○○지점'과 같이 이름 뒤에 지점이 따라온다면 영업점이니 신경 쓰지 말고 앞에 붙는 이름만 구분하면 됩니다. 다른 제2금융권도 마찬가지입니다. 농·축협, 신협, 수협 등도 이와 유사한 형태로 이름이 분류됩니다.

단 지역농협, 새마을금고, 신협 등에서 판매하는 저축성보험 또는 보험 상품의 경우 대리점 판매일 뿐 상품은 중앙회에서 개발하고 관리하는 것이기에 동일한 지점에서 예금과 보험을 함께 가입하더라도 각각 따로 예금자 보호 한도가 적용됩니다. 예를 들어 A신협에서 정기예금 5천만 원을 가입하고 저축성 보험 1천만 원을 가입했다면 A신협에서 5천만 원을, 신협중앙회에서 1천만 원을 각각 보호해줍니다.

・ ・ ・

2. 예금에서 대출을 차감하고 5천만 원

예금과 대출이 동시에 있다면 예금자 보호 한도는 어떻게 적용될까요? 결론부터 말하면 예금에서 대출을 차감한 후 잔액을 기준으로 5천만 원 보호 한도가 적용됩니다. 만일 동일한 은행에 예금도 있고 대출도 있다면 상계해서 계산됩니다. 쉽게 말해 대출보다 예금이 더 크다면 5천만 원까지만 보장됩니다. 만약 7천만 원 정기예금에 가입한 상태인데 예금을 담보로 대출이 3천만 원이라고 가정해봅시다. 예금에서 대출을 차감한 4천만 원, 즉 순예금을 기준으로 예금자 보호 한도가 적용됩니다.

・ ・ ・

3. 원금과 이자를 포함해서 5천만 원

예금자 보호 한도 5천만 원 안에는 이자도 포함됩니다. 만일 정기예금의 원금이 5천만 원이고 발생한 이자가 169만 2천 원이라면 원금 5천만 원만 보호되는 것입니다. 다시 말해 원금과 이자를 포함해 5천만 원까지 보호됩니다.

그런데 금융기관이 파산할 경우 예금 가입 당시 약정한 정상이자는 수령이 가능할까요? 예금할 때 산정한 이율로 온전히 받기란 어려울 것입니다. 예시로 모 은행이 명시한 예금자 보호 적용 범위에 대한 내용을 살펴보겠습니다.

'예금 보호 대상 금융상품의 원금과 소정의 이자를 합하여 1인당 최고 5천만 원이며, 5천만 원을 초과하는 나머지 금액은 보호하지 않습니다.'

여기서 '소정의 이자'란 무엇일까요? 약관상 적용되는 약정이율이 아닌, 예금보험공사 또는 예금자보호준비금관리위원회에서 약정한 낮은 이율을 적용한다는 뜻입니다. 예를 들어 신협에서 5% 고금리 예금에 가입했는데 예금자보호준비금관리위원회에서 정한 이율이 3.5%라면 3.5%를 적용한다는 것입니다. 그 이유는 금융기관에 부실이 생기면 고금리를 내세워 자금을 끌어들이는 경향이 있기 때문입니다. 은행이 망해도 고금리만 보장되면 그만이란 마음에 '묻지마 예금'을 하는 도덕적 해이가 발생할 수 있기에 이자에 대한 부분이 정확하게 명시되어 있는 것입니다. 다만 해당 금융기관이 위기를 극복하고 자체 정상화되거나 인수 합병될 경우 예금 가입 당시 약속했던 이자를 수령할 수 있습니다.

그럼 무조건 예금자 보호 한도인 5천만 원까지만 수령이 가능하고 나머지 금액은 전혀 돌려받지 못하는 걸까요? 무조건 그런 것은 아닙니다. 향후 파산배당금으로 일부를 수령할 수 있습니다. 5천만 원을 초과한 예금과 후순위 채권 등은 은행에서 보유한 자산을 현금화한 이후 금액 및 채권 순위에 따라 '파산배당금'이란 이름으로 분배 및 변제됩니다. 그러나 상당히 장기간에 걸쳐 여러 번 나눠서 지급되기 때문에 예금자의 경제적 불편이 지속될 수 있습니다.

그럼 예금자 보호 한도인 5천만 원을 돌려받기까지 시간은 얼마나 소요될까요? 결론부터 말하면 생각보다 시간이 꽤 걸립니다. 공적인 자금을 통해 지급하다 보니 몇 차례 확인 과정을 거쳐야 하기 때문입니다. 지급 절차는 다음과 같습니다.

1. 해당 예금이 있는지 신고 접수
2. 실사 후 이자와 대출금 등을 확인해 지급금액 확정
3. 심의 의결

지급 절차를 간략하게 소개했지만 복잡한 심의 과정이 필요하다 보니 최소 몇 주 또는 몇 개월이 걸릴 수 있습니다. 정말 급한 돈이라면 어떻게 해야 할까요? 기간 소요로 인한 고객의 피해를 최소화하기 위해 예금이 있다는 게 확인되면 일단 가지급금을 지급합니다. 1인당 최대 2천만 원까지는 신속하게 긴급생활자금으로 지급받을 수 있습니다. 가지급금 수령은 예금자가 예금보험공사(www.kdic.or.kr)를 통해 신청하거나, 상호금융권의 경우 지정된 영업점 또는 은행에 방문해 신청할 수 있습니다. 신청한 당일 또는 익일에 지정한 계좌로 수령 가능합니다. 만일 시장이 불안하다면 가지급금 2천만 원에 맞춰 예금을 분산해서 가입하는 것도 한 방법입니다. 설사 금융기관이 파산한다 해도 하루이틀이면 수령 가능하니 리스크가 적습니다.

예금의 일부를 가지급금으로 수령하면 이율은 어떻게 될까요? 가지급금은 중도에 미리 받았다고 해서 중도해지 이자가 적용되는 것이 아니라 예금의 당초 약정이율대로 받을 수 있습니다. 하지만 해당 은행이 자체적으로 정상화되지 않거나 다른 금융기관으로 이전되지 않아 예금보험공

사가 보험금으로 지급할 경우 미지급 이자 기산일로부터 소정의 이율을 적용해 이자를 계산합니다.

그럼 영업정지 시 대출 거래는 어떻게 될까요? 영업정지 이후에는 예금의 입금, 출금은 할 수 없지만 기존 대출금의 상환, 이자 수납, 만기 연장 등 대출 관련 업무는 정상적으로 수행 가능합니다. 대출 거래도 중지되는 것은 아니고 기존 대출 거래는 정상적으로 가능합니다.

금융기관에서 거래되는 상품이라 해서 반드시 예금자 보호 대상인 것은 아닙니다. 먼저 상호금융권의 출자금통장은 예금자 보호 대상이 아닙니다. 출자금은 예금이 아닌 해당 금융기관의 자본금에 포함되는 자금이므로 예금자 보호 대상이 아닙니다. 다만 출자금에 납입한 돈은 1인당 2천만 원(상호금융권 합산)까지 전액 비과세이며, 예적금 가입 시 출자금통장을 보유해야 1인당 3천만 원(상호금융권 합산)까지 세금 우대 혜택을 받을 수 있습니다. 또한 배당을 위한 필수 납입금이라고 보면 됩니다. 보통 출자금통장에 불입한 돈은 해당 금융사의 거래 실적과 수익에 따라 배당을 지급하는데요. 배당을 많이 받고자 처음부터 출자금통장에 많은 돈을 불입하기보다는 해당 금융기관의 연체율은 높지 않은지, 운용수익이 나서 꾸준히 배당을 지급했는지부터 확인해야 합니다. 또한 출자금통장에 넣은 돈은 바로 인출이 어렵고 해지 시에만 인출이 가능한데, 해지 신청일 기준으로 그다음 해 결산공고 후 인출 가능한 시기에 별도로 찾을 수 있으니 유의해야 합니다. 단순히 예금의 세금 우대 혜택을 받기 위한 용도라면 최소한의 출자금만 넣어두기를 권합니다.

이 밖에 제1금융권에서 판매하는 금통장, 은통장, 실적배당형 상품, 증권사 CMA(종금사 CMA 제외), 후순위채권, 변액보험의 주계약 등도 예금자 보호 대상이 아닙니다. 단 외화 보유 통장의 경우 예금자 보호 대상입니다.

실제로 예금자 보호 대상이 아닌 상품에 투자했다 피해를 본 사례가 있습니다. 금융사에서 '우량 기업에만 투자하는 상품으로 나라가 망하지 않는 한 손실이 없는 상품'이라 소개하며 가입을 권유한 사모펀드가 있습니다. 이렇게 은행에 예금을 하러 갔다가 직원의 권유로 원금이 보호된다고 철석같이 믿고 가입한 사례가 적지 않습니다. 결국 피해를 보는 것은 소비자입니다. 그러니 상품에 가입하기 전에 정말 원금이 보호되는 상품이 맞는지 한 번 더 확인하기 바랍니다.

당연히 제도권 금융사가 아닌 곳에서 거래되는 암호화폐, P2P 금융, 유사수신업체 투자 등은 예금자 보호 대상이 아닙니다. 헷갈린다면 예금보험공사에 전화해 다시 한번 확인하고 투자를 결정하기 바랍니다.

최근 들어 국회에서 예금자 보호 보장 한도를 5천만 원에서 1억 원으로 상향해야 한다는 논의가 진행되고 있습니다. 5천만 원은 요즘 돈 가치에 비해 너무 적은 게 사실입니다. 5천만 원 예금자 보호 한도는 2001년 전 금융권에 적용하도록 정해진 이후 지금까지 유지되어 오고 있습니다. 20년 넘게 제자리여서 국민 소득의 증가세나 돈의 가치 변동을 제대로 반영하고 있다고 볼 수는 없습니다.

정치권에서 보장 한도 인상에 대해 활발히 논의하고 있음에도 왜 곧바로 1억 원으로 올리지 못하는 걸까요? 예금보험공사의 경우 십시일반 여러 금융기관으로부터 보험료를 받고 있습니다. 예금자 보호 한도를 2배

■ 주요국 예금자 보호 한도

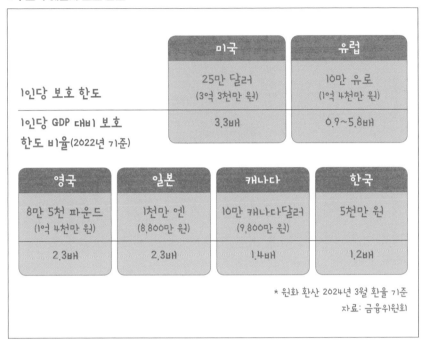

	미국	유럽
1인당 보호 한도	25만 달러 (3억 3천만 원)	10만 유로 (1억 4천만 원)
1인당 GDP 대비 보호 한도 비율(2022년 기준)	3.3배	0.9~5.8배

영국	일본	캐나다	한국
8만 5천 파운드 (1억 4천만 원)	1천만 엔 (8,800만 원)	10만 캐나다달러 (9,800만 원)	5천만 원
2.3배	2.3배	1.4배	1.2배

* 원화 환산 2024년 3월 환율 기준
자료: 금융위원회

로 늘리면 금융기관에서 내는 보험료도 늘어나기 마련입니다. 그래서 단
번에 올리기가 쉽지는 않아 보입니다.

그럼 다른 나라는 예금자 보호 한도가 얼마나 될까요? 선진국의 경우
대부분 1억 원 이상을 보장해주고 있습니다. 미국의 경우 25만 달러를
보장합니다. 이에 반해 한국은 1인당 GDP 대비 보호 한도 비율이 매우
낮은 편이어서 소비자 입장에서는 불편한 것이 현실입니다. 예금자 보호
한도 내에서 예치하기 위해 여러 곳에 분산 예치를 해야 하기 때문입니
다. 현실에 맞게 예금자 보호 한도를 올리는 것이 시급해 보입니다.

안전하게 은행 거래하는 방법 ②

제2금융권이라고 해서 무조건 불안하게 생각할 필요는 없습니다. 안전하다, 위험하다 여부는 경영공시를 보고 판단해도 늦지 않습니다. 내실이 튼튼하고 운영이 잘되는 곳이라면 규모가 작아도 믿고 거래할 수 있습니다. 앞서 설명한 대로 제2금융권은 각각의 법인으로 운영되는 독립법인체입니다. 마치 앞에 붙는 상호명은 같지만 별개로 운영되는 프랜차이즈 치킨집과 비슷하다고 보면 됩니다. 치킨집도 브랜드는 같지만 사장님의 역량에 따라 수익률이 다르듯이, 제2금융권도 법인에 따라 잘되는 곳은 지점을 확장하기도 하고 또 어떤 곳은 겨우겨우 버티거나 망하기도 합니다.

제2금융권은 경영공시 및 출자금 배당 현황을 눈여겨볼 필요가 있습니다. 출자금은 자본금으로 포함되기 때문에 수익과 직결됩니다. 출자금 배당은 이익을 매년 분배해주는 개념으로, 영업이익이 지속적으로 나오고 있는지 확인할 수 있는 가장 간단한 방법은 출자금 배당을 지속적으로 주고 있는지 확인하는 것입니다. 수익이 나야 배당 지급이 가능하기 때문입니다. 만일 수익이 없다면 당연히 그해 배당은 지급되지 않습니다. 은행에 직접 전화해 최근 3년간 배당 지급 여부에 대해 묻는 것도 한 방법입니다.

그다음 배당률이 배당률 지급 시점 기준으로 예금 이율보다 높은지 확인해야 합니다. 실적이 좋으면 예금 이율보다 좀 더 높은 이율로 주는 것이 통상적입니다. 예외로 단위농협이나 단위수협은 농·어업에 종사하는 조합원에게는 배당을 주지만 준조합원인 일반인에게는 배당을 거의 주지 않기 때문에 배당을 못 받았다고 해서 수익이 없다고 판단해서는 안 됩니다. 이럴 때는 준조합원이 아닌 조합원에게 배당을 얼마나 지급했는지 확인해야 합니다.

경영공시를 열람하는 방법은 3가지가 있습니다. 첫 번째는 각 은행에 비치되어 있는 경영공시 파일이나 책자를 확인하는 것이고, 두 번째는 각 은행 사이트에 들어가 정기공시를 열람하는 것이고, 세 번째는 금융통계정보시스템(fisis.fss.or.kr)을 이용하는 것입니다. 그런데 막상 경영공시를 열람해도 내용이 복잡해 뭐가 뭔지 잘 모르겠다는 분이 많습니다. 경영공시에서 필요한 부분만 확인하는 방법을 알아보겠습니다.

먼저 경영실태 평가 등급을 확인합니다. 경영실태 평가는 금융기관의 경영실태 전반을 점검하고 평가하는 제도입니다. 금융사의 경영 부실 위험을 적기에 파악하고 조치하기 위해 종합적이고 통일적인 방식에 따라 총 5단계(1~5등급)로 등급을 매깁니다. 경영 상태가 매우 우수하다면 1등급이고 등급이 낮을수록 경영 개선 권고, 요구, 명령 등 적기시정조치 대상이 될 수 있습니다. 평가 부문은 자본적정성, 자산건전성, 수익성, 유동성 등입니다.

■ ■ ■

1. 자본적정성

자본적정성은 'BIS자기자본비율'로 판단합니다. BIS자기자본비율은 총자산 중 자기자본이 차지하는 비중을 뜻합니다. 쉽게 말해 자기 돈을 일정 수준은 갖고 사업하라는 뜻입니다. BIS자기자본비율은 은행의 자산건전성 분류 및 이에 따른 대손충당금 적립에 의해서도 크게 영향을 받습니다. 산식은 다음과 같습니다.

자기자본비율=자기자본÷총자산×100

과거 IMF 외환위기 당시 국내 은행의 건전성을 따지기 위해 국제결제은행(BIS)의 바젤은행감독위원회(BCBS)가 은행에 대해 대출을 비롯한 위험자산에 대비한 자기자본을 일정 수준 이상 보유할 것을 요구하면서 등장한 지표입니다. 당시 해당 비율이 은행의 퇴출 여부를 결정하는 중요한 지표로 쓰였습니다. 한국은 1993년 BIS자기자본비율 제도를 도입했는데요. 1995년 말부터는 BIS자기자본비율을 8% 이상 유지하도록 의무화했습니다.

BIS자기자본비율이 높으면 높을수록 자산 대비 자본이 차지하고 있는 비중이 크다는 뜻이고, 낮을수록 자산 대비 자본이 적다는 의미입니다. 이 비율이 높을수록 재무구조가 건전하다고 볼 수 있습니다. 자기자본은 금융 비용을 부담하지 않고 기업이 장기적으로 활용할 수 있는 안정된 자본이므로, 이 비율이 높을수록 기업의 재무구조는 안정성이 높다고 평가됩니다.

금융감독원 통계에 따르면 2023년 9월 말 기준 국내 은행권의 BIS자기자본비율은 15.56%였습니다. 제2금융권은 상대적으로 규모가 작기 때문에 운영이 잘되는 곳은 8%를 넘기도 하지만 보통 4% 이상이면 건전하다고 판단합니다. 만일 4% 이하라면 예금 가입 대상에서 제외하는 것이 좋습니다.

* * *

2. 자산건전성

은행은 무엇보다 안정적으로 리스크를 관리하는 능력이 중요합니다. 그러기 위해 부실을 조기에 인식하고 대비해야 하는데요. 은행은 여신심사 및 사후관리를 통해 예상할 수 있는 손실과 예상하지 못한 손실을 구분해 관리합니다. 또한 영업손실은 자산건전성으로 분류해 손실률에 적합한 대손충당금을 적립함으로써 자산건전성을 높이기 위해 부단히 노력합니다. 그도 그럴 것이 IMF 외환위기 이후 은행의 상당수가 대손충당금 적립을 충분히 하지 않아 시장에서 퇴출되었기 때문입니다.

대손충당금은 내재된 손실 발생 위험을 흡수할 수 있도록 미리 만든 안전장치라고 생각하면 됩니다. 은행이 보유한 자산의 부실화 정도를 평가해 적정 수준의 대손충당금을 적립하고 있는지 필히 확인해야 합니다.

보유 자산의 부실화가 심화되면 어떤 현상이 벌어질까요? 일차적으로 이자 수익이 감소해 수익성이 악화됩니다. 또한 운용 자금이 고정화되기 때문에 유동성 문제가 야기될 수 있습니다. 원금의 회수 불능 규모가 커지고 연체기간이 장기화될 경우 은행은 예금자에게 약속한 원리금 지급을 제대로 이행하지 못하는 사태에 직면할 수 있습니다. 따라서 은행이 보유한 자산의 건전성 정도를 상시 평가하고 분석하는 것은 은행 자체의 수익성뿐만 아니라 유동성을 점검하는 데 중요한 부분입니다.

자산건전성 분류 기준은 대출자의 채무상환 능력과 연체기간, 그리고 부도 여부를 고려해 결정합니다. 신용리스크를 보유한 자산은 크게 5단계로 분류합니다.

정상→요주의→고정→회수의문→추정손실

신용 상태가 양호하고 연체기간이 1개월 미만인 경우 정상입니다. 요주의는 당장 문제가 될 만한 상황은 아니지만 주의를 요하는 단계입니다. 연체기간이 3개월 미만으로 현재는 원리금 회수에 문제가 없으나 앞으로 신용 상태가 악화될 가능성이 있어 세심한 주의나 사후관리가 필요한 대출금을 말합니다. 고정은 돈이 돌지 않는다는 뜻으로 연체기간 3개월 이상인 자금을 말합니다. 대출자의 신용 상태가 이미 악화되어 채권 회수에 상당한 위험이 발생했음을 의미합니다.

회수의문과 추정손실에서 중요한 것은 '회수가능금액'인데요. 보통 담보로 잡고 있는 자산을 기준으로 잡습니다. 회수의문은 회수가능금액을 초과한 사실상 회수가 어려운 손실로 처리될 가능성이 높은 부분을 말합니다. 연체기간이 3개월 이상~1년 미만이고, 대출자의 채무상환 능력이 현저하게 악화되어 채권 회수에 심각한 위험이 발생한 대출금 중 회수예상금액을 초과한 대출금을 말합니다. 추정손실은 거의 아무것도 못 받는 최종 단계라고 보면 됩니다. 연체기간 1년 이상이고, 대출자의 채무상환 능력이 심각하게 나빠져 손실 처리가 불가피한 대출금 중 회수가능금액을 초과하는 부분을 말합니다.

이렇게 5단계로 분류하는 이유는 미래에 발생할 손실에 대해 미리 대비하기 위해서입니다. 고정 이하 단계에 대비하기 위해 충당금을 많이 쌓아둠으로써 안전하고 건전한 경영이 가능합니다. 부실채권이 늘어나면 그만큼 충당금을 적립하기 위해 은행은 현금 확보에 나섭니다. 충당금 비율은 다음과 같습니다.

정상: 1%

요주의: 10%

고정: 20%

회수의문: 55%

추정손실: 100%

고정 이하로 갈수록 적립할 충당금 비율이 높아진다는 점을 알 수 있습니다. 최근 특정 금융기관의 중앙회에서 부실 여부를 고려해 대구 소재 12개 지점에 대손충당금 55% 이상 적립을 요구한 바 있습니다. 12개 지점은 해당 요구 효력을 정지하는 가처분까지 신청합니다. 55%라는 비율을 통해 회수의문 단계에 해당한다는 것을 유추해볼 수 있습니다.

금융위에서는 2024년 6월부터 시황과 업계 부담 등을 감안해 10%씩 대손충당금 요적립률을 단계적으로 상향 적용한다고 밝혔습니다.

보통 3개월 이상 연체되면 회수가 불확실해지기 때문에 부실채권은 은행 입장에서도 골치 아픈 부분입니다. 리스크 대비 차원에서 고정 이하 여신이 차지하는 비율이 어느 정도인지 확인할 필요가 있습니다. 고정 이하 여신 비율이 낮을수록 전체 대출에서 부실채권이 차지하는 비중이 낮기 때문에 은행의 건전성이 높다고 판단할 수 있습니다.

고정 이하 여신 비율이 8% 아래라면 안전하다고 평가되며 0에 가까울수록 리스크 관리를 매우 잘하고 있다고 판단하면 됩니다. 다소 리스크가 높은 4~8% 사이일 경우 다른 전반적인 부분을 함께 고려할 필요가 있으며, 8% 이상이라면 예적금 이율이 높아도 피하는 것이 좋습니다.

참고로 손실위험도가중여신비율도 함께 보는 게 좋은데요. 간혹 연체율은 적정 수준인데 손실위험도가중여신비율이 높은 경우가 있습니다. 이는 은행의 총 대출 중 손실 발생이 예상되는 부분을 나타내는 비율로

10% 이상일 경우 위험할 수 있습니다. 부실여신의 규모 등을 판단할 수 있기 때문에 높을수록 피하는 게 좋습니다.

■ ■ ■

3. 수익성

경영공시에서 중요하게 볼 것은 '총자산순이익률'입니다. 총자산순이익률이란 기업의 총자산에서 당기순이익이 얼마나 올랐는지 보는 지표입니다. 쉽게 말해 은행이 한 해 동안 얼만큼의 수익을 냈는지 한눈에 볼 수 있는 지표입니다. 금융기관이 총자산을 얼마나 효율적으로 운용했는지 나타내는 지표로 해당 비율이 지속적으로 증가하고 높다면 양호하다고 볼 수 있습니다. 1%에 가까우면 양호하고 만약 1%를 넘는다면 운용을 아주 잘하고 있는 것입니다. 전년 대비 수익이 증가했는지, 감소했는지 살펴볼 필요가 있으며 수익이 마이너스라면 예적금 가입 시 다른 전반적인 경영지표를 함께 점검하는 것이 좋습니다.

■ ■ ■

4. 유동성

유동성은 쉽게 말해 자산을 현금으로 전환할 수 있는 정도를 나타냅니다. 유동성이 풍부하다는 것은 현금이 많다는 것이고, 유동성이 떨어진다는 것은 현금이 부족하다는 것입니다. 유동성은 필요한 시기에 즉각적으로 현금으로 인출할 수 있는 정도를 나타냅니다. 유동성이 높으면 은행에 돈이 많이 들어왔다는 뜻이고, 유동성이 낮으면 은행에서 돈이 많이 빠져나갔다는 뜻입니다.

유동성 비율은 유동자산을 만기 3개월 이내 유동부채로 나눈 비율을 말합니다. 유동부채는 대부분 예적금으로 구성됩니다. 산식은 다음과 같습니다.

유동성 비율=유동자산(현금)÷만기 3개월 이내 유동부채

은행이 바로 인출해줄 수 있는 자금을 얼마나 보유하고 있는지 나타내는 비율로, 금융감독원은 유동성 비율을 100% 이상 유지할 것을 권장합니다. 예를 들어 뱅크런으로 급박한 예금 인출 사태가 발생했다고 가정해봅시다. 은행의 유동성 비율이 50%라면 고객들이 한꺼번에 돈을 찾으러 왔을 때 예금의 50%만 돌려줄 수 있다는 의미입니다. 따라서 유동성 비율이 낮을수록 유동성이 부족한 은행이라고 볼 수 있습니다.

은행은 유동성이 낮아지면 이 비율을 맞추기 위해 고금리 특판 정기예금 등을 내놓습니다. 최근에는 앱을 이용한 비대면 거래로 인출이 간편해지면서 유동성 비율을 급격히 떨어트리는 요인이 되고 있습니다. 유동성 비율을 유지하기 위해 은행들이 과도한 금리 경쟁을 벌일 경우 상대적으로 금리가 낮은 은행의 자산건전성까지 흔들릴 수 있습니다.

제1금융권의 경우 유동성 비율이 100% 넘는 곳이 대부분이지만 제2금융권은 100% 이하인 경우가 많습니다. 이유는 따로 유동성 규제 비율

이 없기 때문인데요. 이에 따라 각 중앙회에서는 유동성 문제를 해결하고
자 예금 잔액의 10%를 상환준비금으로 보관하도록 하고 있으며, 자산에
따라 유동성 비율을 유지하도록 규제 비율을 적용할 방침이라고 합니다.

특히 상호금융의 경우 유동성 비율이 50%를 밑도는 곳이 많습니다.
최소 50%가 넘어가는 곳은 양호한 편에 해당하며 100% 이상이라면 안
전하다고 볼 수 있습니다. 만일 유동성이 30%대이고 자산은 수백억 원
대에 불과한 소형 조합이라면 약간의 예금 이탈로도 유동성 위기에 빠질
수 있기 때문에 주의해야 합니다.

마지막으로 자본적정성, 자산건전성, 수익성, 유동성 외에도 눈여겨봐
야 할 부분이 있습니다. 바로 행정처분을 받은 이력이 있는지 확인하는
것입니다. 경영공시에는 행정처분사항이 명시되어 있습니다. 직원의 실
수나 횡령 등으로 은행에 막대한 손실을 끼쳤는지 살펴볼 필요가 있습니
다. 물론 단순한 징계나 업무상 과실 등 운영상 별다른 영향을 미치지 못
하는 부분이라면 크게 걱정할 필요는 없습니다. 소중한 돈을 맡기는 일인
만큼 해당 은행이 어떤 곳인지, 정말 믿을 만한 곳인지 꼼꼼히 따져보기
바랍니다.

제2금융권 사용설명서

제2금융권은 사금융 시장을 제도권으로 포함하고 자금 수요의 다양화를 위해 탄생했습니다. 은행법과 중앙은행의 규제를 받지 않는 다양한 금융기관을 포괄합니다. 흔히 제1금융권에 비해 위험하다는 인식이 있지만 예금자 보호가 가능하기 때문에 크게 신경 쓸 수준은 아닙니다.

제1금융권에 비해 제2금융권의 예적금 금리가 비교적 높다 보니 최근 높은 이율을 쫓아 제2금융권을 찾는 소비자가 늘고 있습니다. 그런데 간혹 제2금융권의 개념과 구조, 관련 용어를 몰라 헤매는 경우가 있는데요. 이번 장을 정독한다면 특판 상품에 가입할 때 헤매는 일 없이 수월할 것입니다.

1. 상호금융 이해하기

먼저 상호금융권에 대해 이해할 필요가 있습니다. 상호금융이란 농협, 수협, 신협, 새마을금고 등 단위조합이 조합원의 자금을 예탁받아 이를 대출함으로써 조합원 상호간 원활한 자금 융통을 돕는 호혜 금융의 일종 입니다. 조합원이 맡긴 돈을 조합원에게 빌려주는 제한된 형태의 금융인 것입니다. 일반적으로 제2금융권이라고 하면 상호금융기관을 말합니다.

상호금융기관은 서민금융기관으로 분류되어 이자에 대한 세금 우대 혜택이 적용됩니다. 즉 이자를 받으면 일반적으로 이자에 대한 과세로 15.4%를 내야 하지만 상호금융기관의 예적금은 이 중 14%의 이자소득 세가 면제됩니다. 따라서 상호금융기관의 예적금은 이자의 1.4%인 농어 촌특별세만 내면 됩니다.

또한 세금 우대 혜택을 받기 위해 조합원 또는 준조합원으로 가입해야 합니다. 기관에 따라 조합원과 준조합원의 가입 기준은 다릅니다. 예를 들어 농협의 경우 조합원 또는 준조합원으로 가입하기 위해서는 해당 관 할 내에 거주지 또는 직장 사업장이 있어야 합니다. 타 지역이거나 조합 원, 준조합원이 아닐 경우 세금 우대 혜택은 불가합니다.

수협은 회원수협 입출금계좌를 하나만 가지고 있어도 누구나 쉽게 영 업점 방문 없이 모바일로 준조합원 가입이 가능합니다. 다만 가입 후 승 인을 받아야 세금 우대 혜택을 받을 수 있습니다. 만약 세금 우대 혜택이 가능함에도 우선 과세로 예금에 가입했다면 가까운 수협에 내방해 세금 우대로 전환하면 됩니다(주말, 공휴일 포함 15일 이내).

법인에 따라 조합원 또는 준조합원 지위는 각각 별개로 부여됩니다. 예를 들어 A수협에서 특판을 진행하고 있어 세금 우대 혜택을 받아야 한다면 A수협 준조합원에 가입한 후 승인 처리를 받아야 합니다. A수협 준조합원이라고 해서 B수협에서도 세금 우대 혜택이 가능한 것은 아닙니다. B수협 특판에서도 세금 우대 혜택을 받고 싶다면 추가로 B수협 준조합원에 가입한 후 승인을 받아야 합니다. 마찬가지로 C수협 특판에서 세금 우대 혜택을 받고 싶다면 추가로 C수협 준조합원에 가입한 후 승인 처리를 받아야 합니다. 이렇게 준조합원 승인까지 나면 그때 모바일 앱을 통해 세금 우대로 고금리 특판에 가입할 수 있습니다. 그런데 세금 우대 한도가 이미 차서 과세로 가입해야 한다면 준조합원 가입 없이 예금 가입만 하면 됩니다. 수협 앱을 통해 전국 어디서든 세금 우대로 고금리 특판에 가입할 수 있습니다.

신협은 어떨까요? 농협과 마찬가지로 조합원 가입은 해당 관할 내에 거주지 또는 직장 사업장이 있어야 합니다. 이렇게 조합원 가입을 위한 출자금통장을 개설했다면 타 지역에 살고 있더라도 조합원으로 간주해 세금 우대 혜택을 받을 수 있습니다(간주조합원 제도). 만일 특판 가입 당일에 출자금통장을 개설해야 한다면 특판에 가입할 신협에서 입출금통장을 먼저 개설하고, 그다음에 집에서 가까운 신협에 내방해 출자금통장을 개설하는 게 좋습니다. 출자금통장 개설이 나중인 이유는 20영업일 개설 제한을 피하기 위함입니다. 특판 가입을 위해서는 필수적으로 특판에 가입할 신협에서 입출금통장을 개설해야 하는데요. 집 근처 신협에서 출자금통장과 함께 입출금통장을 미리 만들면 계좌 개설 제한일에 걸려 20영업일간 특판을 내놓은 신협에서 입출금통장 개설이 안 되기 때문에 특판 가입도 놓칠 수 있습니다. 또한 조합원으로 승인되어야 세금 우대 혜택이 가능합니다. 조합원 승인은 빠르면 당일, 늦어도 7일 이내에 처리됩니다. 참고로 신협은 세금 우대 혜택을 가리켜 '저율과세'라고 부릅니다.

새마을금고는 해당 관할 내에 거주지 또는 직장 사업장이 있어야 조합원 가입이 가능하며 예적금 가입 시 세금 우대 혜택을 받을 수 있습니다. 타 지역 또는 해당 새마을금고의 조합원이 아닐 경우 세금 우대 혜택을 받을 수 없습니다.

. . .

2. 특판이란?

'특판'이란 기간 및 한도가 정해져 있어 기간이 지나거나 한도가 소진되면 판매가 조기에 종료되는 상품을 말합니다. 특판의 경우 시중은행 금리에 비해 높은 편이며, 혜택이 좋거나 모집 한도가 적을 경우 가입자가 몰려 조기에 마감되는 경우가 많습니다. 정말 높은 이율을 보장할 경우 단 몇 분 만에 마감되기도 합니다. 특판 가입에 성공하기 위해서는 미리 해당 은행에 입출금계좌를 개설해 가입액을 입금해둘 필요가 있습니다. 그리고 특판 판매 개시에 맞춰 빠르게 가입하는 것입니다. 만약 특판 가입에 실패했다면 그냥 입출금계좌만 해지하면 됩니다. 해지하면 계좌 개설 제한을 피할 수 있을 뿐만 아니라 이체한도에도 영향을 받지 않기 때문에 또 다른 특판에 도전할 수 있습니다.

특판 상품을 잘 고르기 위해서는 해당 상품을 '왜' 판매하는지 관심을 기울일 필요가 있습니다. 자금 사정 악화로 진행하는 특판인지, 창립 기념일 또는 중요한 행사로 진행하는 특판인지, 배당을 환원하고자 복지 차원에서 진행하는 특판인지 파악해야 합니다. 그래야 걱정 없이 기분 좋게 가입할 수 있으니까요.

■ ■ ■

3. 비대면 서비스

코로나19 팬데믹 이후 은행 업부도 대면에서 비대면으로 많은 부분이 전환되었습니다. 특히 예적금의 경우 비대면 서비스 이용을 유도하기 위해 창구에서 가입하는 것보다 비대면 가입 시 높은 이율을 보장하기도 합니다. 또한 비대면 수요 급증으로 최근 각 은행은 앞다퉈 앱을 개발하고 기능을 향상시킨 바 있습니다.

제2금융권에서 운영 중인 앱은 다음과 같습니다.

우체국예금: 우체국뱅킹

농협: NH콕뱅크

수협: 수협 헤이뱅크

신협: 신협ON뱅크

새마을금고: MG더뱅킹

산림조합: 산림조합 SJ스마트뱅킹

저축은행: SB톡톡플러스

■ ■ ■

4. 단기간 다수계좌 개설 제한

단기간 다수계좌 개설 제한이란 쉽게 말해 입출금통장을 개설하고 곧바로 여러 개의 입출금통장을 추가로 개설하는 것을 제한한다는 뜻입니다. 대포통장 등 금융 사기를 예방하기 위해 입출금통장 개설 후 20영업일 동안은 추가로 입출금통장을 개설할 수 없습니다. 여기서 20영업일이란 공휴일을 제외한 은행이 문을 여는 날만을 말합니다.

간혹 20영업일 개설 제한 문제로 특판 예적금에 가입하지 못하는 경우가 있습니다. '꼭 20영업일을 지켜야만 하나?'라고 생각할 수 있는데 금융 거래 목적에 맞는 증빙서류를 제출하면 개설 제한일 안에도 신규 가입이 가능합니다. 이 부분은 은행에 방문하거나 전화로 상담을 받아보기 바랍니다.

다른 곳에서 입출금통장을 개설했는데 20영업일 개설 제한에 걸려 특판 가입이 어려운 상황이라면 기회를 놓쳤다고 생각할 수 있습니다. 연결된 예적금이 없다면 이때 새로 개설한 입출금통장을 그냥 해지하면 됩니다. 그럼 20영업일 개설 제한도 사라집니다. 가끔 해지했음에도 단기간 다수계좌 개설 제한에 해당한다고 뜨는 경우도 있는데, 만일 오전에 해지했다면 오후 늦게 정보가 갱신될 수 있으니 기다려보기 바랍니다.

분산 예치를 위해 입출금통장을 여러 개 만드는 상황이라면 입출금통장만 해지하면 됩니다. 예금 계좌는 그대로 유지한 채 입출금통장만 해지하는 방식으로 20영업일 제한을 피할 수 있습니다. 다만 은행에 따라 이 방법이 통용되지 않는 곳도 있습니다. 신협의 경우 20영업일 이내에 분산 예치를 위해 추가로 입출금통장을 하나 더 개설할 계획이라면, 즉 예적금이 연결된 기존의 입출금통장을 해지하기 위해서는 개설 제한일이 지난 다른 신협 입출금통장이 하나 더 있어야 합니다.

■ ■ ■

5. 입출금통장 이체한도 제한

신협, 새마을금고 등은 비대면으로 입출금통장을 개설할 시 대포통장 등 금융 사기를 예방하고자 이체한도가 제한됩니다. 기본적으로 영업점 창구는 100만 원, 온라인은 30만 원까지만 이체가 가능한데요. 신규 고객 입장에서는 이 부분이 상당히 불편합니다. 예적금 가입 후 중도해지 시 잔액이 입출금계좌로 넘어가는데, 이때 이체한도 제한으로 인출에 불편함을 겪기도 합니다.

한도 제한에 걸린 입출금통장은 해당 은행에서 한도 해제를 신청해야 합니다. 관련 증빙서류를 제출하면 됩니다. 또 모바일 OTP를 사용할 경우 1회 1억 원, 1일 최대 5억 원으로 한도를 늘릴 수 있습니다. 따로 한도 해제를 신청하지 않더라도 은행에서 정상 계좌로 판단할 수 있는 일정 거래 실적을 충족하면 일반계좌로 전환이 가능합니다. 예적금 만기 시 또는 중도해지 시 이체한도 제한으로 난항을 겪고 있다면 그냥 깔끔하게 입출금통장을 해지하는 것도 한 방법입니다. 해지 시 이체한도와 상관없이 전액 이체가 가능하기 때문입니다.

이체한도 제한이 지급결제 시장의 성장을 따라가지 못한다는 지적이 잇따르면서 다행히 최근 금융당국은 이러한 '그림자 규제' 개선을 권고한 바 있습니다. 2024년 2월 25일 금융당국은 이른 시일 내에 이체와 출금 한도를 영업점 창구 100만 원, 온라인 이체 30만 원에서 각각 300만 원, 100만 원 수준으로 상향할 예정이라 밝혔습니다.

제2금융권 세금 우대 혜택

예적금 고객이 제2금융권을 선호하는 이유는 세금 우대 혜택 때문입니다. 일반적으로 예적금은 이자에서 이자소득세 14%, 주민세 1.4%를 합해 15.4%의 세금을 과세합니다. 그런데 저축은행을 제외한 제2금융권에서는 조합원이나 준조합원에 가입할 경우 예적금 이자에서 농어촌특별세 1.4%만 과세합니다. 이것을 제2금융권의 세금 우대 혜택이라고 말합니다.

그럼 세금 우대 혜택은 한도가 있을까요? 만19세 이상 개인 고객이라면 상호금융권 합산 1인당 3천만 원 한도 내에서 혜택을 받을 수 있습니다(가입 직전 3개년도 과세기간 중 1회 이상 금융소득종합과세 대상자 제외). 3천만

▪ 제2금융권 세금 우대 혜택 조건

구분	신협	지역농협	지역수협	새마을금고
조합원 조건	해당 지역 거주 또는 근무	해당 지역 거주	상관없음	해당 지역 거주 또는 근무
세금 우대 조건	타 신협 조합원도 가능	해당 농협 조합원, 준조합원만 가능	해당 수협 조합원, 준조합원만 가능	해당 새마을금고 조합원만 가능

원 혜택은 예적금 상품별로 따로 적용하는 것이 아닌 합산해서 적용됩니다. 따라서 전략을 잘 세워서 최대한 많은 혜택을 받아낼 필요가 있습니다. 세금 우대 혜택을 이용할 수 있는 상호금융기관으로는 신협, 새마을금고, 농·축협(단위), 수협(단위), 산림조합이 있습니다.

정기 예적금에 가입할 때 단순 금리가 아닌 이자를 더 주는 상품이 있다면 해당 상품부터 먼저 세금 우대 혜택을 받아야 합니다. 또한 적금의 경우 가입일 가입액 기준으로 세금 우대 혜택을 받는 것이 아니라 만기에 타는 최종 원금을 기준으로 한도가 정해지므로 이 부분을 염두에 둘 필요가 있습니다. 가령 매월 100만 원씩 불입할 경우 1년 뒤 원금 1,200만 원을 수령하는데, 이 경우 세금 우대 혜택 한도는 처음부터 1,200만 원으로 잡힙니다.

예금과 적금을 동시에 가입할 예정이라면 어떨까요? 예를 들어 이율 5% 정기예금을 1년 만기 3천만 원으로 가입하고, 추가로 이율 6% 정기적금을 1년 만기 매월 250만 원씩 불입할 예정이라고 가정해봅시다. 둘 중 어떤 상품으로 세금 우대 혜택을 받는 게 유리할까요? 우선 1년 만기 시 받게 될 세전 이자를 비교해봅시다. 정기예금 이자는 세전 150만 원, 정기적금 이자는 세전 97만 5천 원입니다. 세금 우대 혜택을 적용하면 정기예금의 경우 내야 할 세금은 2만 1천 원, 정기적금은 1만 3,650원입니다. 이렇게 보면 미미한 것 같지만 과세 시 내야 할 세금을 보면 그렇지 않습니다. 과세 시 정기예금은 23만 1천 원의 세금을 내야 하고, 정기적금은 15만 150원의 세금을 내야 합니다. 무려 8만 원가량 차이가 납니다. 따라서 금리보다 실제 이자를 더 주는 상품에 세금 우대 혜택을 적용하는 것이 유리합니다.

은행 창구에서 가입한다면 은행 직원이 소비자에게 유리한 방향으로 안내해주겠지만 요즘처럼 비대면으로 알아서 가입하는 경우가 많은 시기에는 직접 꼼꼼히 따져봐야 합니다. 만약 예금보다 적금을 먼저 가입해야 한다면 세금 우대 한도가 남아 있더라도 되도록 적금은 과세로 가입하고 조만간 예금에 가입할 예정이라면 훗날 예금을 세금 우대로 가입하는 것이 좋습니다. 과거 은행에 근무할 당시 이 부분을 몰라 적금을 세금 우대로 가입하고, 따로 예금을 일반과세로 가입하겠다는 고객이 있었습니다. 그래서 적금을 과세로 전환하고 예금으로 세금 우대 혜택을 받기를 권해드린 적이 있습니다. 이 부분이 만약 헷갈린다면 은행 직원에게 따로 안내를 받고 가입하기 바랍니다.

알아두면 유용한 8가지 은행 서비스

· · ·

1. 계좌번호 지정 서비스

임의로 지정된 계좌번호는 외우기가 어렵습니다. 실제로 은행이 정한 임의의 긴 숫자 조합을 외우는 사람은 많지 않습니다. 그래서 은행은 고객이 원하는 번호로 계좌번호를 지정할 수 있는 서비스를 제공합니다. 특히 자영업자의 경우 계좌번호를 통해 홍보 효과도 노릴 수 있습니다. 휴대폰 번호로도 계좌번호를 지정할 수 있어 유용합니다.

2. 정기예금 일부 해지 서비스

목돈을 정기예금에 불입했는데 긴급하게 돈이 필요해지면 어떻게 해야 할까요? 이 경우 전액 해지보다는 계좌를 분할해 일부만 해지하는 서비스를 이용할 수 있습니다. 만약 5천만 원을 한 계좌로 예치했는데 그중 3천만 원만 중도해지하고 싶다면, 2천만 원과 3천만 원으로 계좌를 나눈 뒤 3천만 원 계좌만 중도해지하는 방법이 있습니다. 이 경우 만기 이전에 해지하는 것이므로 3천만 원은 중도해지 이율을 적용받습니다. 비대면으로 가입한 예금의 경우 일부 해지가 불가능할 수 있습니다. 따라서 예치할 금액이 크다면 처음부터 분산해 가입하는 것이 좋습니다.

3. 예적금 자동 해지 서비스

예적금 만기 시점에 해외에 있거나 업무로 바쁜 상황이라면 자동 해지 서비스를 이용해보세요. 만기 직후 원금과 이자를 원하는 계좌로 송금할 수 있습니다.

4. 예금 자동 재예치 서비스

만기 때 돈을 찾고 다른 예금에 가입하는 절차가 귀찮다면 만기 시 자동으로 다시 예치해주는 서비스를 이용해봅시다. 자동 재예치 서비스를 이용하면 따로 은행을 방문하거나 앱에 접속할 필요가 없습니다. 다만 재예치 시점을 기준으로 변동된 금리가 적용되니 이율은 확인해봐야 합니다. 만약 이율이 생각보다 낮다면 자동 재예치 서비스를 신청했다 해도 만기 시점에 그냥 직접 해지하면 됩니다.

5. 보안계좌 서비스

보이스피싱 문제가 걱정된다면 보안계좌 서비스를 이용하기 바랍니다. 스텔스통장, 시크릿통장이라고도 하는데요. 보안계좌 서비스를 등록하면 계좌가 노출되지 않습니다. 온라인 금융 사기 피해 예방을 위해 철저하게 보안이 강조된 계좌입니다. 보안계좌는 별도로 개설하는 것이 아닌 기존에 사용 중인 계좌에 적용 가능합니다. 다만 인터넷뱅킹으로 이체할 수 없으며, 보안계좌 해제 시 직접 창구로 가서 풀어야 하는 번거로움이 있고, 계좌정보통합관리서비스로 조회가 불가능하다는 단점이 있습니다.

···

6. 피싱방지 서비스

　본인만 확인 가능한 이미지와 문구를 설정해 보이스피싱과 같은 각종 범죄를 예방하는 서비스입니다.

···

7. 오픈뱅킹 지킴이 서비스

　당행, 타기관 오픈뱅킹 계좌 등록을 제한하는 서비스입니다. 오픈뱅킹 서비스를 이용하면 한 은행의 앱에서 여러 은행 계좌를 통합적으로 관리할 수 있어 편리한 것이 사실입니다. 하지만 은행 앱이 해킹되면 연결된 모든 계좌가 피해를 입을 수 있습니다. 오픈뱅킹 지킴이 서비스를 이용하면 타기관이나 핀테크 업체에서 해당 은행 계좌를 오픈뱅킹으로 연결하지 못하도록 원천 차단할 수 있습니다. 기존에 등록된 계좌는 오픈뱅킹 지킴이 서비스를 신청해도 거래가 제한되지 않습니다. 해당 서비스 또한 영업점에서만 해지가 가능합니다.

···

8. 만기일 임의 지정 서비스

　예금은 대개 연 단위로 가입이 가능한데요. 만일 13개월 뒤에 원금과 이자가 필요한 상황이라면 만기일 임의 지정 서비스를 이용하면 됩니다. 예를 들어 2024년 1월 1일에 12개월 만기 예금에 가입하더라도 만기일 임의 지정 서비스를 이용하면 2024년 2월 1일로 만기일 지정이 가능합니다. 이 경우 1개월치 이자를 추가로 받을 수 있습니다. 고객이 직접 만기일을 지정하면 변경된 기간에도 동일하게 정기예금 금리가 적용됩니다. 단 특판 상품 등 일부 상품은 만기일 임의 지정 서비스가 적용되지 않을 수 있으니 상품설명서를 확인해보기 바랍니다.

금리가 인상되면
갈아타야 할까?

금리 인상은 왜 하는 것일까요? 또 특판 예적금 등 고이율을 보장하는 상품이 속속 등장하는 이유는 무엇일까요? 내막을 따지면 책 한 권으로도 설명이 부족할 정도로 아주 복잡한 내용입니다. 은행 입장에서만 간단히 정의를 내리면 돈이 필요하기 때문입니다. 은행 내에 돈이 부족하니 자금을 확보하기 위해 총력을 기울이는 것입니다.

최근 미국의 가파른 기준금리 인상으로 한국은행도 따라서 기준금리를 인상했습니다. 미 연준의 소위 빅스텝, 자이언트스텝으로 제로금리 시대는 막을 내렸습니다. 참고로 빅스텝은 기준금리 0.5%p 인상을, 자이언트스텝은 기준금리 0.75%p 인상을 가리킵니다. 미국은 높은 물가 상승

■ 한미 기준금리 추이

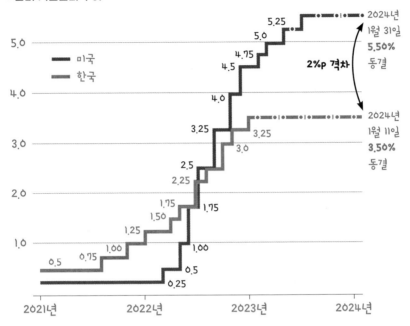

* 미국 기준금리 상단 기준
자료: 한국은행, 미 연준

에 대응하고, 코로나19 팬데믹 때 풀린 유동성을 흡수하기 위해 공격적인 금리 인상을 단행한 바 있습니다. 그 결과 2023년부터 2001년 이후 가장 높은 수준의 금리를 이어오고 있습니다. 한국은행 역시 미국과의 금리차를 고려해 기준금리를 인상한 상황입니다.

만일 2022~2023년처럼 하루가 멀다 하고 금리가 가파르게 오르는 시기에는 어떻게 대응해야 할까요? 곧 금리가 추가로 오를 것을 기대해 일단 예금 가입을 멈추고 기다려야 하는 걸까요? 또 금리가 올랐으니 기존의 예금은 해지하고 이율이 더 높은 예금으로 갈아타는 게 맞는 걸까요? 가입한 예금을 만기까지 그냥 두는 게 나은지, 아니면 더 높은 이율을 보장하는 예금으로 갈아타는 게 나은지 갈팡질팡하고 있다면 이번 장의 내용을 눈여겨보기 바랍니다.

우선 매월 불입하는 적금의 경우 고금리 특판 상품을 제외하고는 이자 차이가 크게 벌어지는 경우가 적습니다. 그러나 목돈을 굴리는 예금은 이율 차이가 적어도 실이자 차이는 클 수 있어 예금에 초점을 두고 설명하겠습니다.

알다시피 정기예금은 만기까지 목돈을 일시에 맡겨두는 상품입니다. 단돈 1천만 원을 맡겨두더라도 이자 차이가 0.1%p 나면 1년 만기 기준 이자 차이는 1만 원에 달합니다. 만약 목돈의 규모가 더 크다면 차이는 더욱 벌어집니다. 가령 5천만 원을 맡겼다면 0.1%p 차이는 5만 원, 0.2%p 차이는 10만 원에 달합니다. 우리가 목돈을 맡길 때 단 0.1%p의 이율이라도 더 받기 위해 노력하는 이유도 이 때문입니다.

그렇다면 금리 상승기에는 어떻게 대응해야 할까요? 2022~2023년처럼 금리가 가파르게 상승하는 시기라면 어떻게 대응해야 할까요? 가입하고 며칠 뒤에 금리가 올랐다면 갈아탈 수 있지만 한 달 이상 경과한 시점에는 고심이 깊어집니다. 오를 때마다 갈아탈 수도 없는 노릇이니까요. 이때는 손해인지, 이득인지 여부를 잘 판단해야 합니다. 먼저 예금 금리가 오르면 만기 시 이자 차이가 얼마인지 알아봅니다. 그다음 경과된 날만큼 기존에 받아야 할 정상이자를 빼줍니다.

현재 가입한 예금의 연 이자를 계산하고 그 값을 365일로 나눕니다.

그러면 하루치 이자가 계산될 것입니다. 예를 들어 1년 만기 5% 이율 정기예금에 1천만 원을 불입했다면 산식은 다음과 같습니다.

연 이자: 1천만 원×5%=50만 원

하루치 이자: 50만 원÷365일=1,369원

그다음 갈아탈 예금과의 이자 차이를 비교해봅니다. 만약 갈아탈 예금의 이율이 5.3%라면 만기 시 연 이자는 세전 53만 원으로 기존 예금과는 3만 원 차이입니다. 이제 갈아탈 예금과의 이자 차이에서, 기존 상품의 가입 시점부터 경과된 일수만큼의 정상이자를 제합니다. 만일 가입일로부터 45일 경과했다면 산식은 다음과 같습니다.

3만 원(만기 이자 차이)-1,369원(하루치 이자)×45일=-3만 1,605원

결괏값이 음수이므로 중도해지하고 갈아타는 것은 손해입니다. 중도해지 이자는 보통 3개월 미만일 경우 거의 없다고 보면 됩니다. 금액이 미미하니 0원으로 계산하는 게 편합니다. 만약 중도해지 이자가 발생한다면 결괏값에 중도해지 이자를 더해주면 됩니다.

단순 금리로만 계산하면 만기 시 이자는 3만 원 차이지만 경과된 일수만큼 정상이자를 못 받는다는 것을 감안하면 이야기가 달라질 수 있습니다. 갈아탈 예금과의 이자 차이에서 경과된 일수만큼의 정상이자를 제했을 때 양수가 나와야만 갈아타도 이득인 것입니다. 이럴 때는 기존 상품

의 금리가 더 낮더라도 유지하는 게 이득입니다.

이번에는 연 이율 5% 기존 상품에 가입한 지 30일 뒤에 연 이율 5.5% 짜리 상품이 나왔다고 가정해봅시다. 기존 상품의 하루치 이자는 1,369원이고 갈아탈 예금과의 만기 시 이자 차이는 5만 원입니다.

5만 원(만기 이자 차이)-1,369원(하루치 이자)×30일=8,960원

이번에는 결괏값이 양수입니다. 이렇게 간단히 갈아타는 게 이득인지 아닌지 알 수 있습니다.

사실 금리가 인상한다고 해서 매번 갈아타는 게 쉬운 일만은 아닙니다. 금리가 빠르게 상승하는 상황에서 고액의 목돈이 있다면 차라리 일주일이든, 한 달이든 금액을 분산해 예치하는 것도 한 방법입니다.

만약 1억 5천만 원이 있다면 5천만 원씩 시차를 두고 A신협(1월 1일 연 이자 5%), B신협(1월 5일 연 이자 5.2%), C신협(1월 8일 연 이자 5.3%)에 분산 예치하는 것입니다. 갈아타는 번거로움도 덜하고 금리가 올라가는 효과도 온전히 누릴 수 있는 방법입니다. 한 가지 팁을 주자면 분산 예치 시 잠시 놀고 있는 돈은 파킹통장에 보관해 하루치라도 이자를 더 받기 바랍니다.

금리가 내려가면 어떻게 해야 할까?

한미 기준금리는 함께 맞물려서 움직입니다. 연준은 2023년 9월, 11월, 12월에 이어 2024년 1월 말 4번째로 기준금리를 동결하면서 기준금리 인상을 멈추고 인하 가능성을 타진하고 있는 상황입니다. 제롬 파월 연준 의장은 2024년 2월 4일 "신중히 해야 할 것은 시간을 좀 갖고 인플레이션이 지속 가능한 방식으로 2%로 내려가고 있음을 데이터로 확인하는 것"이라 밝히면서 기준금리 인하에 대해 유보적인 입장을 보인 바 있습니다.

그런데 은행의 예적금 이율을 보면 인하에 가속도가 붙기 시작했습니다. 기준금리는 그대로인데 그 이유는 무엇일까요? 금리가 오르면 좋은

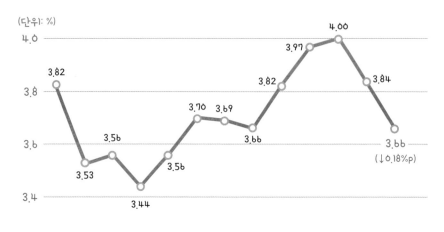

■ 코픽스 추이

(단위: %)

* 신규 취급액 기준, 괄호는 전월 대비 증감률
자료: 은행연합회)

점만 있는 것은 아닙니다. 대출 금리도 함께 가파르게 상승하기 때문에 서민들의 생활이 어려워질 수 있습니다. 금융당국은 서민의 숨통을 트고자 은행을 압박했고 이에 따라 대출 금리와 함께 예금 금리도 인하하는 움직임을 보이고 있습니다.

대출 금리를 좌우하는 것은 '코픽스'입니다. 예적금 금리도 코픽스의 영향을 받습니다. 코픽스란 국내 8개 은행이 조달한 자금의 '가중평균금리'를 말합니다. 쉽게 말해 은행이 빌려오는 돈의 이율을 뜻합니다. 코픽스가 떨어지면 그만큼 은행은 적은 이자로 자금을 확보할 수 있고, 코픽스가 오르면 그 반대의 현상이 벌어집니다. 은행은 코픽스에 대출자의 신용도를 반영한 가산금리를 더해 대출금리를 결정하기 때문에, 언론에서는 코픽스를 '주택담보대출 변동금리의 기준'이라고 언급하곤 합니다.

제1금융권에서 대출금 금리를 낮추기 시작하면 자연스럽게 예금 금리도 떨어지는데요. 이렇게 제1금융권에서 금리를 낮추면 자금이 제2금융권으로 몰리기 때문에 제2금융권 입장에서도 굳이 예금 금리를 더 줄 필요가 없어집니다. 은행 입장에서는 무분별하게 고금리 이자를 주다 보면 조달비용이 증가하고, 그 선을 넘으면 은행의 건전성까지 흔들릴 수 있기 때문에 무리해서 고금리 이자를 보장하진 않습니다.

그럼 예금 금리가 인하할 경우 개인은 어떻게 대응해야 할까요? 조금이라도 더 높은 금리를 붙잡아둘 방법은 없는 걸까요? 금리 인하 시기에 최대한 이득을 볼 수 있는 방법은 3가지가 있습니다.

첫 번째 방법은 선납이연의 '1-11' 방식을 활용하는 것입니다. '1-11' 방식은 1년 만기 적금 6개월 시점인 7회차 납부일에 납입액을 한 번에 몰아서 불입하는 방식을 말합니다. 이 경우 납입액을 한 번에 몰아넣는 시점부터 만기까지 예금처럼 운영이 가능합니다. 이율은 당연히 가입 당시 금리가 적용되므로 높은 금리의 이자를 그대로 유지할 수 있습니다.

두 번째 방법은 월 납앱액 제한이 없는 자유적금에 최대한 길게 가입하는 것입니다. 자유적금은 만기를 정해두고 그 안에서 자유롭게 불입하는 상품으로, 가입 시 첫 불입액은 최소한으로 넣고 추후 목돈을 한 번에 예치하는 것입니다.

만약 정기예금 금리가 1년 만기 5%이고, 자유적금 금리가 1년 만기

4.8%인데 예금 금리가 자꾸 떨어지는 상황이라고 가정해봅시다. 정기예금의 만기가 3개월 뒤에 돌아온다면 어떻게 해야 할까요? 일단 4.8%짜리 자유적금에 최소한의 돈만 입금하고 3개월 동안 기다립니다. 그다음 정기예금의 만기가 돌아올 때 예금 금리과 자유적금 금리를 비교해 자유적금의 이율이 더 높다면 자유적금으로 옮깁니다. 그럼 3개월 시점부터 만기까지 연 4.8%의 금리로 굴러가게 됩니다. 단 납입 한도가 제한되는 시점 이전에만 목돈으로 불입이 가능하니 사전에 날짜를 잘 확인해야 합니다.

세 번째 방법은 당장 급한 돈이 아니라면 예적금 가입기간을 최대한 길게 잡는 것입니다. 기존에 1년 단위로 재예치를 반복했다면 금리가 떨어지는 시점에는 2~3년으로 가입기간을 늘리는 것입니다. 가입기간을 늘리면 금리 인하 리스크를 어느 정도 막을 수 있습니다. 단 중도해지 시 만기 이자를 받을 수 없으니 기한은 신중히 결정해야 합니다.

파킹통장 이용하기

앞서 반복적으로 언급한 파킹통장이란 무엇일까요? 파킹통장이란 쉽게 말해 하루만 맡겨도 이자가 붙는 통장을 뜻합니다. 유사하게는 증권사의 CMA, MMF가 있습니다. '파킹'이란 이름이 붙은 이유는 마치 주차장에 차를 주차하듯이 돈을 잠시 넣었다 뺐다 옮기기 용이한 계좌이기 때문입니다. 주차된 차는 비싼 승용차일 수도 있고, 저렴한 경차일 수도 있습니다. 이런 차들이 들락날락거리듯이 파킹통장도 고액이든 소액이든 상관없이 넣었다 뺐다 하면서 이자를 받을 수 있습니다.

파킹통장이라고 해서 형태가 특별한 것은 아닙니다. 그러니까 은행에 따로 파킹통장이라는 상품이 있는 것이 아니라 똑같은 입출금통장인데 일일 단위로 이자가 붙을 뿐입니다. 파킹통장은 하루 단위로 이자가 붙기 때문에 생활비와 같이 잠시 머무르는 돈을 보관하기에 적합합니다.

그럼 파킹통장은 어떤 식으로 수익을 내서 고객에게 이자를 주는 걸까요? 보통 증권사의 CMA, MMF는 고객의 돈을 어음이나 채권 등 단기 상품에 투자해 이익을 돌려주는 방식입니다. 은행의 파킹통장은 입출금통장과 유사합니다. 또한 금리는 입출금통장보다는 높고 예금보다는 낮기 때문에 파킹통장으로 고객의 돈이 몰리면 예대마진의 폭을 늘리기 용이합니다. 고객 입장에서는 예금보다 금리는 낮지만 하루만 맡겨도 이자가 바로바로 들어오니 유용합니다.

어느 은행의 파킹통장을 이용하는 것이 이율 면에서 유리할까요? 주로 상호금융, 저축은행의 파킹통장이 유리합니다. 물론 예금자 보호도 1인당 5천만 원까지 가능하기 때문에 불안하다면 예금자 보호 한도 내에서만 운용하면 됩니다. 예를 들어 예금 만기가 돌아와 목돈이 생겼는데 당장은 아니고 추후에 써야 할 돈이라면 그때까지 잠시 맡겨두는 용도로 활용하기 좋습니다. 일반 입출금통장에 돈을 방치하면 아쉬우니 파킹통장에 넣어 이자를 받으면 좋습니다.

파킹통장은 주로 생활비를 보관하는 용도로 쓰입니다. 각종 자동 이체, 공과금, 보험료 등을 고려해 늘 잔고가 어느 정도는 있어야 하기 때문입니다. 하루만 맡겨도 이자를 주기 때문에 이자가 없는 입출금통장보다는 소액이지만 이자가 나오는 파킹통장을 활용하는 것이 훨씬 낫습니다.

파킹통장에 가입할 때는 금리와 가입 한도를 잘 살펴봐야 합니다. 파킹통장이 유행하면서 최근 은행에서 비슷한 상품을 여럿 출시하고 있는데요. 어떤 상품은 한도가 정해져 있지 않지만 다른 파킹통장에 비해 금리가 낮은가 하면, 또 어떤 상품은 한도 내에서만 운용할 경우 추가 금리를 보장하기도 합니다. 예를 들어 소액으로 맡긴 돈에 대해서는 한도까지 파격적인 금리를 주고, 한도를 초과하는 부분에 대해서는 낮은 금리를 적용하는 것입니다. 이런 상품은 정해진 한도까지만 돈을 맡겨두는 게 좋습니다. 그 이상을 초과하는 돈은 다른 파킹통장을 하나 더 만들어 거기에 불입하면 됩니다.

일정 금액을 초과해야만 금리를 더 주는 파킹통장도 있습니다. 예를 들어 5천만 원을 초과하면 3.4%를 주고, 5천만 원 미만은 1%를 주는 경우도 있습니다. 만일 맡겨야 할 돈이 1천만 원이라면 이러한 상품은 피하는 게 낫습니다. 또 금액 구간별로 다른 금리를 적용하는 곳도 있습니다. 예를 들어 1천만 원까지는 2%, 1천만~5천만 원은 2.5%, 5천만~1억 원은 3%, 1억 원 초과는 3.5%를 보장하는 것입니다. 이처럼 상품별로 가입 한도도 다르고 금리 조건도 다르니 상품설명서를 꼼꼼히 살펴보기 바랍니다.

그렇다면 파킹통장에서 주의할 점은 무엇일까요? 파킹통장도 엄밀히 말하면 입출금통장입니다. 따라서 파킹통장을 개설하면 20영업일 동안 다른 입출금통장 개설이 제한됩니다. 또 파킹통장의 금리는 예적금 상품과 달리 확정금리가 아닌 변동금리입니다. 일정 기간 금리가 유지되다가 금리 상승기에는 더 올라갈 수 있고, 하락기에는 더 떨어질 수 있습니다. 금리가 높아 가입자가 과도하게 몰리면 은행에서는 파킹통장의 금리를 낮춰 더 이상 가입을 안 하도록 유도하기도 합니다. 그렇게 되면 기존 가입자는 기껏 높은 금리 때문에 개설했더니 몇 달 만에 금리가 내려가는 황당한 일을 겪게 됩니다. 따라서 파킹통장은 하나만 갖고 있기보다는 서브로 1~2개 더 개설해 금리가 떨어지면 다른 금리가 높은 계좌에 잠시 돈을 옮기는 식으로 운용하는 것이 좋습니다.

파킹통장은 주로 비대면으로 개설하기 때문에 이체한도가 제한되는 경우가 많습니다. 파킹통장에 가입 후 목돈을 맡겼는데 정작 필요할 때 못 찾는다면 얼마나 당황스러울까요? 이런 경우에 대비해 비대면으로 파킹통장을 개설했다면 미리 이체한도 제한을 풀어두는 것이 좋습니다. 앱에서 증빙서류 사진을 전송하면 하루이틀이면 한도 제한이 풀리니 절차가 어렵지는 않습니다.

지금까지 파킹통장에 대해 알아봤습니다. 앞으로도 파킹통장은 계속 출시될 것입니다. 상품마다 어떤 특징을 가지고 있는지 꼼꼼히 살펴보고 가입한다면 목돈을 잠시 굴릴 때 유용하게 쓰일 것입니다.

분산된 정기예금 하나로 모으기

관리하는 예금이 많다면 만기 때마다 돈을 옮기거나 재예치하기가 번거로울 수 있습니다. 이럴 때는 여러 개의 계좌를 하나로 모아서 간단히 관리하면 좋습니다. 예금액이 많은 것도 아닌데 쪼개져 있다고 가정해봅시다. 300만 원, 500만 원, 1천만 원 이런 식으로 따로 예금에 가입했다면 만기일이 다르니 번거로울 것입니다. 만기 때마다 매번 금리를 확인하고 특판 상품을 찾아야 하니까요.

만일 직장에 다니고 있다면 시간을 내기 쉬운 달을 특정해 만기를 지정하는 방법이 있습니다. 예를 들어 예금 만기가 3월, 6월, 9월, 12월인데 기준이 되는 달을 6월로 하고 싶다면 6월 만기 예금을 기준으로 다른 예

금의 만기일을 맞추면 됩니다. 3월 만기 예금의 경우 6월까지 1년 3개월
짜리로 가입하거나, 이미 1년짜리로 가입했다면 만기 후 3개월 동안 파
킹통장을 이용하는 것입니다. 이런 식으로 1년씩 재예치하지 말고 기준
이 되는 달을 기준으로 만기일을 맞춘다면 분산된 예금을 효과적으로 관
리할 수 있습니다.

달까지는 어떻게 날짜를 맞췄는데 일까지 동일하게 조정하기 어려운
경우도 있습니다. 예를 들어 6월 23일이 기준일인데 6월 10일에 만기가
도래한다면 그냥 23일까지 기다렸다가 해지하는 방법도 있습니다. 만기
가 지나도 한 달까지는 정상이자가 붙기 때문에 13일치에 대한 이자를
정상적으로 수령 가능하기 때문입니다(자동 재예치 상품은 제외).

그럼 여러 예금의 만기일을 맞추기 위해 애초에 1년 이상 길게 가입하
지 말고 만기를 3~4개월 이렇게 짧게 잡는 건 어떨까요? 만일 3~4개월
짧은 만기를 가진 상품이 특판으로 나와 1년 만기 상품과 이율을 비슷하
게 받을 수 있다면 나쁘지 않은 방법입니다. 하지만 보통 1년 만기 예금의
금리가 더 높기 때문에 최소 1년 이상은 채우는 것이 좋습니다. 즉 '1년+
남은 달수'로 가입하는 게 가장 좋은 방법입니다.

이렇게 분산된 여러 예금을 하나로 합치거나, 둘로 합쳐서 관리한다면
편리하게 자금을 운용할 수 있습니다. 특히 이제 막 종잣돈을 모으기 시
작한 초기에는 100만 원, 200만 원 소액으로 이율에 따라 이 상품, 저 상
품에 가입하곤 합니다. 이런 경우 차라리 이율이 조금 낮더라도 한도 제
한이 없는 상품에 가입하는 게 나을 수 있습니다.

과거 필자가 은행에 근무할 때 보름에 한 번씩 들쭉날쭉 200만 원,

300만 원을 가져오는 고객이 있었습니다. 그때마다 1년짜리 예금 가입을 요청했습니다. 관리가 힘들어 보여서 일단은 자유적금 개설을 제안했고, 만기가 돌아오는 상품부터 자유적금에 불입했습니다. 이렇게 만기가 돌아오는 예금과 주기적으로 가져오는 목돈을 자유적금에 넣어 한 번에 관리하니 한결 편하다며 만족해하셨습니다.

　돈은 흩어져 있는 것보다 모으는 게 중요합니다. 모아서 관리하면 계획을 세우기 좋고 자금 운용 면에서 효과적이기 때문입니다.

PART 3

재테크와 투자,
천 리 길도
한 걸음부터

암호화폐 열풍이 불던 시절, 홍 과장은 소위 '묻지마 투자'로 큰돈을
잃고 낙심합니다. 이후에도 유행에 편승해 P2P 투자에 손을 댔고 역시
나 원금 손실을 경험합니다. 다시는 위험한 투자는 하지 않겠다고 다짐
한 홍 과장. '부동산은 불패'라는 동료의 조언대로 이번에는 과감하게
'영끌'을 단행합니다. 시간은 흘러 금리 인상으로 대출 이자는 쭉쭉 오
르는데 매매가는 요지부동 제자리걸음을 걷자 그제야 홍 과장은 무언
가 잘못되어도 단단히 잘못되었다는 생각이 들었습니다. 섣부른 투자,
줏대 없는 투자로 사회초년생 때부터 차곡차곡 모은 돈을 탕진하고 나
서야 '너무 공부 없이 투자에 뛰어들었구나!' 하는 깨달음을 얻습니다.
다행히 직장은 안정적인 편이어서 아직 희망은 남아 있습니다. 지금이
라도 정신을 차리고 초심으로 돌아가 노후를 위해 올바른 재테크, 합리
적인 투자를 시작하겠다고 다짐합니다.

시작은 짠테크

　'짠테크'란 말을 들어본 적 있나요? 짠테크란 '짜다'의 줄임말 '짠'과 '재테크'의 합성어로 구두쇠처럼 아껴서 재물을 모으는 것을 의미하는 신조어입니다. 여러분은 짠테크를 해본 경험이 있나요? '고물가'에 한 푼이라도 아끼고 티끌이라도 모으려는 짠테크 문화가 확산되고 있습니다. 취업사이트 인크루트가 성인 남녀 825명을 대상으로 소비심리 변화를 주제로 설문조사를 진행했습니다. 그 결과 응답자 5명 중 4명이 '현재 짠테크 실천 중'이라고 답했습니다. 무려 응답자의 79.1%입니다. 직장인(76.6%)보다는 일정한 소득이 없는 구직자(84.8%)가 주로 짠테크를 실천하고 있었습니다.

짠테크를 하는 이유는 크게 '수익·소득 감소' '저축·상환' 두 분류로 구분되었습니다. 40대는 '비상금 마련(28.1%)'을 위해 짠테크 중인 반면, 나머지 세대는 '생활비 부족'을 가장 큰 이유로 꼽았습니다. 최근 지출을 줄였는지 묻는 질문에는 응답자의 70.3%가 '그렇다'고 답했습니다. 그렇다면 구체적으로 어떤 지출을 줄였을까요? 1위는 '외식비(24.3%)', 2위는 '취미생활(18.5%)', 3위는 '쇼핑(12.9%)', 4위는 '자기계발비(10.9%)'였습니다.

삶이 퍽퍽하고 힘들수록 기본으로 돌아가야 하는 것은 지론입니다. 아무리 마음이 급해도 공부 없이, 종잣돈 없이 투자하는 것은 삼가야 합니다. 고수익을 노리는 공격적인 투자는 충분히 공부한 다음에, 짠테크로 종잣돈을 모은 다음에 시작해도 늦지 않습니다.

- - -

1. 고정지출 파악하기

종잣돈을 모으는 첫 번째 과정은 나의 고정지출을 파악하는 것입니다. 고정지출이란 보험료, 공과금, 학원비, 통신비, 교통비, 월세, 대출 이자 등 매달 무조건 나가야 하는 금액을 말합니다. 한 달에 고정지출이 얼마나 나가는지 계산해볼 필요가 있습니다. 내가 벌어들인 수입에서 고정지출을 뺀 '나머지'를 어떻게 활용하느냐에 따라 전략과 목표는 달라질 것입니다.

2. 저축액 정하기

고정지출을 파악했다면 이번에는 모을 금액을 정해야 합니다. 예를 들어 월수입이 300만 원이고 이 중에 고정지출이 100만 원이라면 나머지 200만 원에서 저축액의 비중을 결정해야 합니다. 처음부터 큰 포부로 무리한 계획을 세우기보다는 현실적인 금액을 목표로 삼는 것이 좋습니다. 만일 200만 원 중 절반인 100만 원을 저축하고 싶다면 실제로는 목표액의 80%(80만 원)만 저축하고, 나머지 20%는 파킹통장에 보관하거나 자유 적금에 불입하는 것입니다. 그래야 훗날 생각지도 못한 지출이 생겨도 적절히 대응할 수 있습니다.

3. 일일 소비액 정하기

입출금통장은 최소 2개 이상 만들어서 관리하는 게 좋습니다. 하나는 고정지출이 빠져나가는 용도로, 다른 하나는 비상금을 모으는 용도로 개설하는 것입니다. 비상금은 비율을 정해 따로 관리해야 합니다. 만약 수입이 300만 원이라면 10%인 30만 원을 비상금 통장에 넣고 꼭 필요할 때만 꺼내 쓰는 것입니다. 예를 들어 갑자기 가전제품이 망가져서 바꿔야 한다거나, 축의금으로 써야 하는 등 말 그대로 비상 시 꺼내서 쓰는 용도입니다.

수입 300만 원에서 고정지출 100만 원, 정기적금 80만 원, 자유적금 20만 원, 비상금 30만 원을 빼면 70만 원이 남습니다. 남는 돈을 한 달로 나누면 하루에 소비할 수 있는 적정액이 산출됩니다.

70만 원÷30일=약 2만 3천 원

이처럼 하루에 소비할 수 있는 금액의 평균을 2만 3천 원으로 산정했다면 되도록 그 범위 내에서 쓰려고 노력해야 합니다. 어떠한 제약을 두고 절제한다는 것은 현실적으로 힘든 일입니다. 또 무조건 안 쓰고 모으는 것이 정답은 아닙니다. 하지만 하루에 쓸 금액이 어느 정도인지 머릿속에 인지하고 있는 것만으로도 무분별한 소비를 일정 부분 절제할 수 있습니다.

만일 일일 소비액 이하로 지출하거나 돈을 아예 안 썼다면 그 돈을 그다음 날로 이월할 수도, 소액이지만 주식을 사거나 저축을 할 수도 있습니다. 반대로 오늘 일일 소비액보다 더 많이 썼다면 그다음 날은 지출을 자제하는 등 스스로 절제함으로써 과소비를 줄일 수 있습니다. 이렇게 충분히 실천 가능한 선에서 작게나마 노력한다면 스트레스를 받지 않고 종잣돈을 모을 수 있습니다.

그럼 얼마를 모아야 적정한 종잣돈이라고 할 수 있을까요? 3천만 원, 5천만 원, 1억 원, 3억 원 등 기준은 다양합니다. 각자 소득과 소비 정도가 다르기 때문에 따로 정해진 기준은 없습니다. 중요한 것은 생애주기에 맞는 현실적인 '목표'입니다. 세부적인 목표를 세우면 목적에 맞는 저축이 가능합니다. 노후 대비, 결혼 준비, 자녀 교육, 내 집 마련 등 목표에 따른 현실적인 계획을 세우는 게 중요합니다. 각각의 목표에 맞게 기간은 짧게는 6개월, 길게는 5년, 10년 이상일 수도 있습니다.

만약 주택 마련이 먼저라면 내가 살고 싶은 지역과 평수, 주변 아파트 시세까지 살펴본 다음 아주 구체적인 목표액을 잡고 저축을 시작해야 합니다. 지금 당장 산다고 가정했을 때 주택담보대출을 받고 나면 실제로 얼마의 돈이 있어야 하는지, 취득세와 이사비 등은 얼마나 필요한지 구체적으로 계산해봅니다. 최소한 얼마가 필요한지 파악한 다음 기간을 잡고 계획을 세우는 것입니다.

만약 청약이 목표라면 갖고 있는 청약통장에 돈을 불입한 기간과 납입액 규모, 청약 조건, 주변 아파트 분양 계약금 등을 확인합니다. 계약금의 10%와 1회 불입금 정도는 현금으로 가지고 있어야 한다는 구체적인 계획이 세워졌다면 매달 얼마의 돈을 얼마나 모아야 하는지 보일 것입니다. 이런 식으로 아주 구체적인 목표와 계획이 필요합니다.

만일 노후 대비가 목적이라면 내가 정년까지 일할 수 있는 기간을 계산해 장기 계획을 세울 필요가 있습니다. 연금저축펀드, IRP 등을 통해 구체적인 계획을 세웁니다(해당 상품에 대한 내용은 후술하겠습니다). 나이가 젊다면 소액으로라도 길게 꾸준히 노후 대비 자금을 마련하기 바랍니다. 또 나이가 많다면 연금 개시 기간이 다가올수록 노후 대비 자금의 비중을 늘리고, 노후에 매월 얼마씩 수령 가능한지 구체적으로 따져봐야 합니다.

팁을 드리자면 요즘은 누구나 쉽게 앱을 통해 비대면으로 계좌를 개설할 수 있는데요. 이제 막 종잣돈을 형성하는 단계라면 모바일 앱을 통해 풍차 돌리기를 해보는 것입니다. 목돈을 모으는 과정이 힘들 수 있지만 시간이 흐를수록 계좌와 잔액이 늘어가는 재미, 그리고 만기가 돌아오는 재미를 맛볼 수 있습니다.

노후를 위한 IRP, 연금저축 ①

우리나라는 2017년 5월 고령사회에 진입했습니다. 지금과 같은 추이라면 2025년이면 65세 인구 비중이 20%가 넘는 초고령사회에 진입할 전망입니다. 2050년이면 65세 이상 노인 인구는 약 2천만 명으로 인구 비중에서 50%를 차지할 것으로 보입니다. 이미 가까운 일본은 정년을 65세로 연장했고 이후 '70세 계속고용' 추진을 공식화하면서 2021년에는 법에 명시한 바 있습니다. 하지만 한국의 법정 정년은 60세에 불과합니다. 한국노인인력개발원 통계에 따르면 권고사직, 명예퇴직, 정리해고 등 기타 사유로 퇴직한 근로자의 평균 연령은 51.5세로 법정 정년(60세)보다 무려 8.5세 낮은 것으로 나타났습니다.

60세까지 무사히 정년을 채운다고 해도 100세 시대인 점을 감안하면 소득 없이 견뎌야 하는 세월은 무려 20~30년에 달합니다. 따라서 수입이 발생하는 시점부터 비교적 일찍 노후를 위한 대비가 필요합니다. 만약 40세부터 노후 준비를 시작했다면 60세까지 20년간 벌어들인 수입으로 30년(60~90세)을 살게 될 것이고, 50세부터 시작했다면 10년간 부지런히 모은 돈으로 남은 삶을 버텨야 합니다. 만일 이조차 없이 노후를 맞이한다면 얼마나 가혹한 현실이 우리를 기다릴까요?

국민연금연구원 조사에 따르면 2020년 기준 65세 이상 10명 중 4명이 중위소득의 절반에도 못 미치는 돈으로 살아가는 것으로 나타났습니다. 우리가 노인 세대가 되었을 때 빈곤에 시달리지 말라는 법은 없습니다. 행복한 노년을 위해서라도 더더욱 재무설계가 필요합니다. 그렇다면 여유로운 노후를 위해 얼마나 준비해야 할까요? 건강도 챙기고, 인관관계도 다지고, 각종 사회활동과 여가생활까지 고려하면 꽤 많은 돈이 필요할 것입니다.

KB금융지주 경영연구소 자료에 따르면 우리나라 국민은 은퇴 후 한 달에 약 370만 원의 생활비가 필요하다고 생각하지만, 실제로는 이 가운데 60% 정도만 마련할 자신이 있는 것으로 조사되었습니다. 노후에 기본적인 의식주 해결을 위해 필요한 최소 생활비는 평균 월 251만 원, 손자녀 용돈 등을 포함해 넉넉히 지출할 수 있는 적정 생활비는 평균 월 369만 원으로 집계되었습니다. 하지만 설문 대상자들은 현재의 가구 소득과 지출, 여력 등을 고려할 때 마련할 수 있는 노후 생활비가 평균 월 212만 원이라고 답했습니다. 스스로 생각하는 최소 생활비(251만 원)에도 못 미칠 뿐더러 적정 생활비(369만 원)의 57.6% 수준에 불과합니다.

그럼 노후 준비를 위해 지금부터 어떻게 움직여야 할까요? 노후 준비는 집만 있다고 해서 해결되는 것이 아닙니다. 설사 집이 없더라도 꾸준한 현금 흐름을 통해 매달 돈이 나오도록 하는 것이 중요합니다. 방법은 바로 연금에 가입하는 것입니다. 젊은 나이에 연금에 가입하라고 하면 '좀 더 나중에 가입해도 되지 않나?' 하고 관심을 보이지 않기 마련입니다. 성공한 사업가이거나 임대업으로 창출되는 돈이 많아서 노후 걱정이 없다면 몰라도, 평범하게 직장에 다니거나 수입에 한계가 있다면 진지하게 고민해봐야 할 문제입니다. 반드시 수입이 발생하는 시점과 동시에 노후 준비를 시작해야 훗날 안정된 삶을 살 수 있습니다.

그럼 연금이란 무엇이고 흔히 말하는 연금의 '3층 구조'란 무엇일까요? 노후가 길어진 만큼 공적연금에 사적연금을 겹겹이 잘 쌓아야 삶의 질을 높일 수 있습니다. 노인 복지가 가장 좋은 나라라고 하면 스위스를 꼽을 수 있습니다. 스위스는 연금의 3층 구조가 탄탄해 노후가 되면 젊어서 일할 때 받던 월급의 80% 수준으로 연금을 수령합니다. 스위스의 공적연금과 기업연금은 모든 자국민에게 적용되고 개인연금은 선택에 따라 가입이 가능합니다.

우리나라의 상황은 어떨까요? OECD에서 발표한 〈한눈에 보는 연금 2023〉에 따르면 우리나라 노인빈곤율은 40.4%로 OECD 38개국 중 1위를 기록했습니다. 노인 빈곤 문제를 해결하기 위해서는 공적연금이 강화되어야 한다고 입을 모아 말하지만 갈 길은 먼 상황입니다. OECD 연금소득대체율은 평균 50.7%인 반면 한국은 31.6%에 불과하기 때문입니

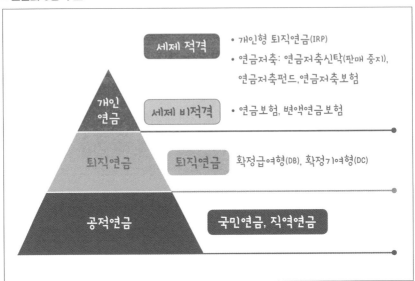

세제 적격
• 개인형 퇴직연금(IRP)
• 연금저축: 연금저축신탁(판매 중지),
  연금저축펀드, 연금저축보험

개인
연금

세제 비적격
• 연금보험, 변액연금보험

퇴직연금

퇴직연금   확정급여형(DB), 확정기여형(DC)

공적연금   국민연금, 직역연금

다. 그리스, 이탈리아 등은 GDP의 16%를 연금에 지출하는데 한국은 4%에도 못 미치는 상황입니다.

우리나라 정부는 가급적 국민들 스스로가 개인연금에 가입해 직접 노후를 준비하도록 유도하고 있습니다. 그럼 정부 입장에서 할 수 있는 일은 무엇일까요? 가장 쉬운 방법은 개인연금에 여러 혜택을 제공하는 것이겠죠. 지금부터 어떤 혜택을 주는지 개인연금의 종류와 구조를 설명하며 알아보겠습니다.

먼저 연금계좌는 크게 퇴직연금계좌와 연금저축계좌로 나뉩니다. 퇴직연금계좌는 IRP, DB, DC로 나뉘고, 연금저축계좌는 연금저축신탁(판매 중단), 연금저축펀드, 연금저축보험으로 나뉩니다.

우선 퇴직연금계좌부터 알아보겠습니다. 퇴직연금은 개인형 퇴직연금인 IRP, 확정급여형인 DB, 확정기여형인 DC로 구분됩니다. DB와 DC는 회사에서 받는 퇴직금으로 운용됩니다. 간단히 말하면 회사를 다니는 동안 받을 퇴직금을 직접 굴리면 DC, 타인이 알아서 굴리면 DB입니다. 하나씩 살펴보겠습니다.

■ ■ ■

1. DB(Defined Benefit)

DB의 경우 회사가 굴리는 것으로 기존의 퇴직금 방식과 동일하게 퇴직 시 돈을 돌려줍니다. 금융기관을 통해 운영하는 수익 및 손실에 대한 위험 부담을 회사가 지고 있다 보니 회사 입장에서는 공격적인 투자보다는 안정적인 운영 방식을 택하는 것이 일반적입니다. 또한 DB는 퇴직 후 받게 될 급여액을 미리 확정하는 방식입니다. 퇴직 시점의 평균 임금과 근속연수를 곱해 퇴직금을 산정하기 때문입니다.

DB 퇴직급여=평균 임금(퇴직 직전 3개월 임금 평균)×근속연수

임금 상승분이 퇴직급여 누적액으로 반영되는 것이죠. 사업주 입장에서는 매년 2%의 임금 인상 요인이 있다면 DB 퇴직연금도 연 2% 이상의 수익률을 내야 부담이 늘지 않는 구조입니다. 결론적으로 임금상승률만큼만 수익률을 기대하면서 직원에게 퇴직금만 고스란히 주면 될 테니 그

러한 선을 지키면서 안전하게 굴릴 것입니다.

그럼 DB는 어떤 사람에게 유리할까요? 매년 임금상승률이 은행 정기예금 이율 이상이거나, 앞으로 근무기간이 많이 남아 향후 임금 상승에 대한 기대감이 높다면 임금상승률만큼 수익률이 보장되는 DB가 유리할 수 있습니다. 또한 DB에서 DC로 이전도 가능한데요. 이 경우 회사가 이전하려는 금융사와 계약이 되어 있어야 하니 총무과에 확인해보기 바랍니다.

● ● ●

2. DC(Defined Contribution)

DC는 회사에서 매년 연간 임금 총액의 1/12 이상을 직원의 퇴직연금 계좌에 적립하면 직원이 직접 퇴직금을 운용하는 것을 말합니다. 그 금액을 운용해 발생하는 수익 및 손실을 직원 스스로 감당해야 하니 운영 결과에 따라 연금 수령액이 변동될 수 있습니다. 직원 입장에서는 최소한 DB 퇴직급여 이상을 받아야 운용을 잘했다고 볼 수 있습니다.

DC 퇴직급여=매년 임금 총액×1/12+운용수익

그럼 DC는 어떤 사람에게 유리할까요? 임금상승률이 정기예금 이율보다 낮거나, 회사에 오래 다녔지만 임금 상승 기대가 크지 않거나, 고용이 불안정해 장기 근속이 어렵거나, 투자에 자신 있어 고수익을 추구한다면 DC로 전환해 관리하는 게 유리합니다. 단 한 번 DB에서 DC로 전환하면 재전환은 힘들고, 전환을 하더라도 손익 여부와 상관없이 그 시점을 기준으로 적립금을 전환합니다.

■ ■ ■

3. IRP(Individual Retirement Pension)

DC 또는 DB에 가입했다가 이직이나 퇴사를 하면 회사에서는 IRP를 개설하라고 요청합니다. 퇴직 시 퇴직금을 IRP로 받기 때문입니다. 왜 IRP로 받으라고 하는 걸까요? 우선 퇴직금을 몽땅 써버리는 것을 어느 정도 막을 수 있기 때문입니다. 법적으로 55세 이전에 퇴직하거나, 퇴직금 액수가 300만 원 미만이거나, 퇴직금 담보대출을 상환해야 하는 사람이 아니라면 무조건 IRP로 받아야 합니다.

퇴직 이후 입금된 돈을 한꺼번에 찾으면 최대 28.6% 퇴직소득세를 원천징수하고 나머지를 받게 됩니다. 퇴직소득세는 근속연수와 퇴직급여 규모에 따라 상이합니다. 그런데 만일 연금으로 5년이든, 10년이든 나눠서 받으면 퇴직소득세의 30%를 감면할 수 있습니다. 단순히 세금 감면 혜택만 있는 것은 아닙니다. 연금 수령 한도 내에서 돈을 나눠 받으면 나눠 받는 금액에 대해서만 세금을 납부하므로, 퇴직소득세를 이연해 분할 납부하는 효과를 볼 수 있습니다. 연금 수령 시점 10년 초과 시 40%를 감면받을 수 있습니다.

IRP는 만55세부터 연금 수령이 가능합니다. 연금 수령액은 연간

1,500만 원 범위 내에서 수령하는 것이 좋습니다(3.3~5.5% 저율 분리과세). 만약 연금 수령액이 연간 1,500만 원을 초과하면 전액 종합과세 또는 분리과세(16.5%)가 적용되기 때문에, 되도록 연금 수령 한도 내에서 수령해야 세부담이 적습니다.

참고로 IRP를 꼭 퇴직할 때 만들어야 하는 것은 아닙니다. 소득이 있다면 회사를 다니는 동안에도 계좌를 만들어 운용할 수 있습니다. 다만 기존 IRP로 퇴직금을 수령할 경우 조심해야 할 점이 있습니다. IRP는 기본적으로 연금으로 수령하거나 해지를 하는 방법만 있다고 보면 됩니다. 다시 말해 중도인출은 할 수 없고 전액 해지를 해야 합니다.

회사를 다니고 있는 도중 IRP를 개설해 세액공제를 받고 운용도 잘해 수익을 내고 있었다고 가정해봅시다. 그런데 퇴사를 하면서 생긴 퇴직금을 기존에 쓰고 있던 IRP로 수령해 퇴직금만 찾으려고 하면 어떻게 될까요? IRP는 중도인출이 아닌 해지만 가능하니 기존에 잘 굴리고 있던 돈까지 몽땅 해지해야 하는 상황이 발생합니다. IRP에 있던 금액을 해지하면 그동안 받은 세액공제 혜택까지 모두 토해내야 하고 운용수익에도 세금이 부과됩니다. 만일 퇴직금을 연금으로 수령하지 않고 퇴사 시 일시불로 찾을 계획이라면 기존 IRP가 아닌 새로운 계좌를 개설해 그 계좌로 수령해야 합니다. 세액공제를 받고 있던 기존 IRP는 유지한 채 새로 개설한 IRP만 해지하면 문제가 없으니까요.

그럼 IRP로 연금을 수령하고 있는데 해지를 해야 하는 상황이라면 어떻게 될까요? IRP로 연금을 수령하고 있다면 중도해지에 따른 불이익은 따로 없습니다. 매년 연금 수령 한도가 정해져 있는데 그 한도를 초과한 금액을 찾을 경우 세금 감면 혜택만 포기하면 됩니다. 연금 개시 이후라면 중간에 해지하더라도 그동안 감면한 세액까지 토해내는 것은 아니기 때문에 큰 손해는 아닙니다.

그럼 IRP는 중도인출이 자유로울까요? 기본적으로 IRP는 연금 개시 전까지는 인출이 되지 않습니다. 인출이 아닌 해지를 해야 하니 목돈 불입은 신중을 기해야 합니다. 연금 개시 후 세액공제를 받지 않은 금액에 대해서는 세금 없이 중도인출이 가능합니다. 연금 개시 후 인출 순서는 다음과 같습니다.

세액공제 받지 않은 금액(비과세)→퇴직금 원금{연금소득세(퇴직소득세 ×70%)}→세액공제 받은 금액(연금소득세 3.3~5.5%)→운용수익(연금소득세 3.3~5.5%)

다만 무조건 중도인출이 안 되는 것은 아닙니다. 만약 법에서 정한 사유에 해당한다면 IRP를 해지하지 않고도 적립금을 인출할 수 있습니다.

1. 본인 또는 부양가족이 질병 등으로 6개월 이상 요양하는 경우(연간 임금 총액의 12.5% 초과 시 인정)
2. 개인회생 절차가 개시되거나 파산선고를 받는 경우
3. 천재지변을 당한 경우
4. 무주택자가 본인 명의의 주택을 구입하거나 임차보증금을 내야 하는 경우
5. 사회적 재난을 당한 경우

이때 사유에 따라 납부하는 세금도 다릅니다. 1~3번의 경우 동일하게 30% 감면된 퇴직소득세를 내는 반면, 4~5번의 경우 감면된 퇴직소득세가 아닌 중도해지할 때와 동일한 퇴직소득세가 적용됩니다.

그럼 퇴직금을 연금으로 받으면 건강보험료 산출에 포함이 될까요? 퇴직 소득은 분류 과세이기 때문에 건강보험료 부과 대상이 아닙니다. 금융소득종합과세 대상도 아니고요. 그러니 걱정할 필요는 전혀 없습니다. 퇴직금을 연금으로 받지 않고 전액 일시금으로 찾아 이 돈을 굴렸다면, 그래서 이자나 배당 소득이 1천만 원을 넘겼다면 건강보험료를 부과할 수 있지만 퇴직금을 IRP에 넣어 연금으로 나눠서 받은 금액에 대해서는 건강보험료를 부과하지 않습니다.

IRP를 현명하게 이용하는 방법은 무엇일까요? IRP의 경우 한 기관당 1개의 계좌만 개설이 가능합니다. 만약 A증권사에서 IRP를 개설했다면 그 증권사에서는 더 이상 개설이 불가능하기 때문에 추가로 하나 더 개설하려면 B증권사를 찾아야 합니다. 금융사별로 여러 계좌를 개설해도 연간 납입 한도 1,800만 원 내에서만 운용이 가능하므로 다른 계좌에서 액수를 채웠다면 새로운 계좌는 입금이 불가능합니다.

IRP를 개설할 수 있는 금융기관은 은행, 증권사, 보험사가 있는데요. 보통 자산관리수수료, 운용관리수수료를 0.1~0.5% 정도 받습니다. 따라서 수수료를 가장 적게 내는 곳을 찾아 가입하는 게 좋습니다. 연금이라는 게 1~2년 관리하고 마는 게 아니라 평생 수십 년을 가져가야 할 상품이기 때문입니다. 이러한 수수료는 보통 증권사가 저렴합니다. 증권사에 직접 내방해서 개설하는 방법도 있지만 비대면으로 개설하는 것이 수수

■ 개인연금 절세 효과

구분	납입 형태별 세액공제 한도			합계	공제세액
총 급여액 기준 (종합 소득금액 기준)	연금저축+IRP 함께 납입		IRP만 납입		(지방세 포함 공제율)
	연금저축	IRP			
5,500만 원 이하 (4,500만 원 이하)	600만 원	300만 원	900만 원	900만 원	148만 5천 원(16.5%)
5,500만 원 초과 (4,500만 원 초과)	600만 원	300만 원			118만 8천 원(13.2%)

자료: NH농협은행 퇴직연금수익률관리센터

료 면에서 유리합니다. 만약 기존에 가지고 있던 IRP의 수수료가 높다면 수수료가 저렴하거나 면제해주는 증권사로 IRP를 이전하는 것도 좋은 방법입니다.

연금 수령은 만55세부터 가능하며, 5년 이상 납입해야 하고, 10년 이상 나눠 받아야 합니다(2013년 3월 1일 이전 가입자는 5년 이상 연금 수령). 불입액 한도는 매년 1,800만 원인데 이 중 900만 원까지 세액공제 혜택을 받을 수 있습니다. 핵심은 역시 이 '세액공제'인데요. 소득이 발생하면 세금을 내는 것이 일반적인데, 세액공제란 한마디로 내야 할 세금을 깎아주는 것을 말합니다. 근로자라면 연말정산을 할 텐데요. 연소득에서 각종 소득공제 혜택을 빼면 내야 할 최종 세금이 나옵니다. 세액공제는 그러한 세금에서 정해진 액수만큼 깎아주는 것을 말합니다.

연금계좌의 세액공제 한도는 얼마일까요? 매년 900만 원까지 세액공제 혜택이 가능합니다. 만일 별도의 연금저축을 운용하고 있다면 합산해 적용되기 때문에, 연금저축에서 600만 원의 세액공제 혜택을 받았다면 IRP에서는 300만 원까지 혜택을 받을 수 있습니다. 연금저축에 따로 불입하지 않았다면 IRP에서만 900만 원 모두 세액공제 혜택을 받을 수 있습니다. 즉 연금저축과 IRP 동시에 운용 가능하나 세액공제 한도는 최대 900만 원까지라고 생각하면 됩니다.

세액공제는 얼마나 될까요? 예를 들어 총 급여액 5,500만 원 이하(종합소득금액 4,500만 원 이하)라면 연간 불입액의 16.5%를 적용받을 수 있고, 이를 넘어서면 연간 불입액의 13.2%를 적용받습니다.

총 급여액이 5천만 원일 경우 최대 불입 한도인 900만 원을 꽉 채워 불입했다면 세액공제는 얼마나 가능할까요?

900만 원×16.5%=148만 5천 원

총 급여액이 1억 원일 경우 최대 불입 한도인 900만 원을 꽉 채워 불입했다면 세액공제는 얼마나 가능할까요?

900만 원×13.2%=118만 8천 원

만약 IRP를 올해 처음 가입한다면 작년 연말정산 때 얼마의 세금을 냈는지 파악해보기 바랍니다. 매년 내는 세금을 계산한 다음 불입액을 정해 납부하는 것도 한 방법입니다. 만일 연말정산 시 결정세액이 적다면, 그만큼 돌려받을 세액이 적기 때문에 최대 불입 한도까지 꽉 채울 필요는 없습니다. 한 가지 좋은 방법은 10월쯤 홈택스 '연말정산 미리보기'가 열리는데 9월까지의 세금 계산이 가능하니 결정세액을 미리 추산해보는 것입니다. 대략 부족할 것 같은 환급금에 맞춰 입금하는 것도 좋은 방법일 수 있습니다. 작년에 비해 올해 소득이 올랐다면 IRP를 적극 활용해 세금을 최대한 적게 내는 게 좋습니다. IRP는 매월 불입해야 할 의무가 없기 때문에 연말에 한꺼번에 납부해도 혜택은 고스란히 받을 수 있습니다.

앞서 누누이 강조했지만 IRP는 기본적으로 중도인출이 불가합니다. 만약 1억 원 이상 고액 연봉자여서 세액공제 혜택 13.2%를 받고 있었는데 중간에 돈이 필요해 해지한다면 기존에 받은 혜택을 뱉어내야 합니다. 이 경우 13.2%가 아닌 기타소득세 16.5%를 적용받습니다. 그러니 IRP에 납입하는 돈은 무조건 노후에 쓸 돈이라고 생각하고 가입해야 합니다. 다행인 부분은 세액공제를 받지 않은 금액에 대해서는 16.5%의 기타소득세가 붙지 않으니 걱정하지 않아도 좋습니다. 만약 1,800만 원을 불입했는데 이 중 900만 원에 대해 세액공제를 받았다면 중도에 해지하더라도 나머지 900만 원에 대해서는 기타소득세를 부과하지 않습니다.

세액공제도 세액공제지만 IRP의 핵심은 과세 이연 효과를 누릴 수 있다는 점입니다. IRP는 납부한 금액을 바탕으로 원리금 지급 상품, 실적배당형 상품, 은행 예금, ETF 등에 투자나 저축이 가능합니다. 납입기간 동안 투자를 통해 발생한 소득에 대해 세금을 한 푼도 내지 않다가 연금 개시부터 세금을 징수하는데요. 불입하는 동안 수익에 대해 비과세이기 때

■ 연금저축, IRP에서 연금 수령 시 세율

연령(연금 수령일 현재)	연금소득세율	종신연금 수령 시
55세 이상~70세 미만	5.5%	4.4%
70세 이상~80세 미만	4.4%	
80세 이상	3.3%	3.3%

문인데 매년 수익이 발생해도 원금과 함께 복리로 굴릴 수 있습니다. 다시 말해 발생한 운용수익에 대해 곧바로 세금을 내지 않아도 되기 때문에 그 금액을 활용해 다른 상품에 투자하는 기회비용과 복리 효과를 동시에 누리는 것입니다. 연금 수령 전까지 비과세로 굴리다가 연금이 개시되면 3.3~5.5%의 낮은 세금만 내면 되기 때문에 과세 이연 효과를 톡톡히 볼 수 있습니다.

연금 수령액 연간 1,500만 원까지는 연금소득세율 3.3~5.5%가 적용되는데요. 세율이 다른 이유는 가입자의 나이와 연금 수령 방법에 따라 달리 적용되기 때문입니다. 연금 수령일 기준 70세 미만은 5.5%의 세율이 적용되는 반면, 80세 이상은 3.3%의 낮은 세율이 적용됩니다. 참고로 본래 사적연금 소득은 연간 1,200만 원을 초과하면 금융소득종합과세 대상이 되거나 단일세율(지방세 포함 16.5%)로 분리과세해야 했습니다. 다행히 최근에 세법이 개정되어 연간 연금 수령액 기준이 1,200만 원 이하에서 1,500만 원 이하로 늘어났습니다.

만약 55세부터 연금 개시가 가능해도 수입이 안정적이라면 수령일을 늦추는 것도 가능합니다. 늦게 탈수록 세율이 낮아지니 최대한 미루는 것이 낫습니다. 단 종신형 연금을 선택한 경우에는 55세 이상~80세 미만 구간에도 4.4% 세율을 적용합니다.

IRP를 개설해 입금만 해도 세액공제 혜택을 받을 수 있습니다. 하지만 그냥 돈을 방치하는 것이 아니라 직접 운용을 해야 수익도 얻을 수 있습니다. 그럼 어떻게 운용해야 할까요? 우선 IRP는 원금이 보장되는 상품부터 원금 손실의 위험이 있지만 고수익을 노릴 수 있는 상품까지 폭넓게 매수가 가능합니다. 예를 들어 ELB, 은행 예금, MMDA, ETF 등에 투자할 수 있습니다.

다만 IRP는 기본적으로 주식, 즉 개별 종목에는 투자할 수 없습니다. 그러니까 삼성전자, 애플, TSMC 등 개별 주식에는 직접투자가 불가합니다. 이런 기업들을 묶어서 지수를 추종하는 ETF에 투자함으로써 간접투자가 가능합니다. 예를 들어 국내 대표 기술주에 투자하는 ETF 또는 미국 대표 기술주에 투자하는 ETF 또는 월배당을 주는 미국 지수추종 ETF 등이 있습니다.

IRP는 위험자산 비중은 70%로 제한되어 있고 안전자산은 반드시 30% 이상 보유해야 합니다. 분산투자를 할 수밖에 없는 구조입니다. 따라서 원금 보장 상품은 물론 다양한 범주의 상품에 투자하고 싶다면, 그리고 보수적이면서 안정적인 투자 방식을 추구한다면 IRP로 굴리는 게 유리합니다.

IRP를 운용하기 전에 중요한 건 자신의 투자성향을 파악하는 것입니다. 매우 안정적인 투자를 추구한다면 IRP를 통해 은행 예금에 가입하면 됩니다. IRP를 통해 은행 정기예금에 가입하면 예금자 보호 한도 5천만 원과 별개로 원금이 보장됩니다. 좀 더 안정적이면서 저위험 투자 방식을 추구한다면 50:50으로 절반은 미국과 국내 지수추종형 ETF 또는 선진국 채권, TDF 등에 투자하고 나머지 반은 은행 예금에 가입하는 방식으로 운용할 수 있습니다.

IRP의 경우 특히 배당 ETF 위주로 매수하는 개인이 많습니다. 배당 ETF의 경우 상품마다 다르지만 보통 1년에 수차례 분배금이 입금되는데요. 배당금 자체도 쏠쏠하지만 배당금에서 세금(15.4%)을 떼지 않고 곧바로 재투자가 가능하다는 장점이 있습니다.

참고로 IRP의 세액공제는 계좌 내 운용수익과 상관없이 순입금액 기준으로 적용됩니다. 따라서 ETF를 매수해 수익을 내도 IRP에서 돈을 인출하지만 않으면 세액공제를 받을 수 있습니다. 돈을 꺼내지 않는 한 상품을 사고파는 것은 마음대로 해도 된다는 뜻입니다. 만일 금리가 인상하는 시기라면 예금 이율이 좋을 테니 예금의 비중을 늘리고, 주식 시장이 좋은 시기라면 위험자산의 비중을 높이는 것도 한 방법입니다. 물론 주가가 떨어지면 싼 가격에 더 많은 주식을 매수할 수 있는 기회이니, 주가가 확연히 떨어진 시점에서는 예금 금리가 높더라도 주식의 비중을 늘려야 할 것입니다. 이런 식으로 자체적으로 주식, 예금, 채권의 비율을 리밸런싱해도 IRP에서 돈을 인출하지 않는 한 세액공제 혜택을 받는 데는 전혀 지장이 없습니다. 다만 장기형이니 위험자산이라도 장기투자에 적합한 상품을 고르는 것이 좋습니다.

노후를 위한 IRP, 연금저축 ②

　이번에는 연금저축계좌에 대해 알아보겠습니다. 연금저축계좌는 IRP 와 마찬가지로 개인이 안정적인 노후를 위해 자발적으로 가입하는 연금 상품입니다. 연금저축은 가입하는 기관에 따라 명칭이 다른데요. 연금저 축신탁(은행), 연금저축펀드(증권사), 연금저축보험(보험사)으로 나눕니다. 가입 대상은 남녀노소 누구나 가입이 가능하며 심지어 소득 없는 미성년 일지라도 부모가 대신 가입이 가능합니다.

　은행, 증권사, 보험사 중 어디서나 가입이 가능하지만 계좌에 따라 투 자 유형은 확연히 달라집니다. 또 가입하는 기관에 따라 수수료도 다른데 요. 수수료를 면제하는 증권사가 늘고 있어 증권사를 통해 가입하길 권합니다. 연금저축신탁은 판매가 중지되었고, 연금저축보험은 수수료가 높기 때문에 장기적으로 가입해 운용하기 좋은 증권사의 연금저축펀드를 추천합니다.

연금저축계좌는 5년 이상 납입해야 하며, 만55세 이후 10년 이상 연금으로 수령해야 합니다(2013년 3월 1일 이전 가입자는 5년 이상 연금 수령). 납입 한도는 연간 1,800만 원까지 가능하며 그중 세액공제는 연간 600만 원까지 가능합니다.

연금저축의 장점은 연금 개시 전까지 비과세를 적용하다 연금을 개시하면 낮은 연금소득세를 적용한다는 것입니다. 보통 돈을 굴려 수익이 발생하면 발생한 수익에 대해 15.4% 세금을 내야 하는데요. 연금저축은 과세되는 부분을 연금 개시 전까지 미뤄주기 때문에 과세 이연 효과를 볼 수 있습니다. 내야 할 세금만큼 재투자를 할 수 있고 이자로 굴린 금액에 또 이자가 붙으니 복리 효과도 충분히 볼 수 있습니다.

만약 연금저축계좌를 중도해지하면 어떻게 될까요? 세제 혜택을 받은 납입액과 운용수익에 대해 16.5%의 기타소득세가 부과됩니다. 단 여기서 알아둘 점은 그동안 받은 세액공제액과 상관없이 16.5%를 납부해야 한다는 것입니다. 다시 말해 총 급여액 5,500만 원 초과라면 세액공제율로 13.2%를 적용받지만, 중도해지 시 세액공제율 13.2%가 아닌 16.5%의 기타소득세가 부과된다는 것입니다. 그럴 경우 손해가 될 수 있습니다.

예를 들어 총 급여액 5,500만 원 초과 직장인이 5년간 연금저축계좌에 매년 200만 원씩 납입하고, 운용수익이 총 100만 원 발생했다고 가정해 보겠습니다. 5년간 받은 세액공제 혜택은 132만 원입니다. 그런데 중도해지할 경우 발생하는 기타소득세는 총 납입한 1천만 원에 대한 기타소득세 16.5%가 적용된 165만 원, 그리고 운용수익 100만 원에 대한 기타소득세 16.5%가 적용된 16만 5천 원을 합산한 181만 5천 원입니다. 혜택받은 세액공제액과 무려 49만 5천 원 차이입니다.

다만 총 급여액이 5,500만 원 초과가 아니라면 혜택받은 16.5%의 세액공제만큼만 다시 돌려주면 되고, 운용수익에 대해서 기타소득세를 납부하면 됩니다. 예를 들어 총 급여액 5,500만 원 이하 직장인이 5년간 연금저축계좌에 매년 200만 원씩 납입하고 수익이 총 100만 원 발생했다고 가정해봅시다. 매년 납입금액에 세액공제율 16.5%를 적용해 받은 혜택은 33만 원씩 5년간 165만 원에 달합니다. 그런데 중도에 해지할 경우 세액공제 혜택을 받은 165만 원과 운용수익 100만 원에 기타소득세율을 적용한 16만 5천 원을 납부하면 됩니다. 산식은 다음과 같습니다.

기타소득세액=(1천만 원+100만 원)×16.5%=181만 5천 원

따라서 중도해지하더라도 5년간 세액공제 혜택으로 받은 165만 원만 그대로 돌려주면 되고, 운용수익에서는 16만 5천 원을 내면 됩니다.

다만 연금저축계좌도 IRP와 마찬가지로 세액공제 대상이 아닌 납입액에 대해서는 16.5%의 기타소득세가 붙지 않으니 걱정하지 않아도 됩니다. 만약 연금저축계좌에 1,800만 원을 불입해 600만 원의 세액공제 혜택을 받았다면 나머지 혜택을 받지 않은 1,200만 원에 대해서는 따로 기타소득세를 부과하지 않습니다.

그럼 중도인출은 자유로울까요? 비교적 자유롭습니다. 세액공제를 받지 않은 납입액은 세금 없이 언제든 중도인출이 가능합니다. 세액공제 한도는 600만 원이지만 연금저축 납입 한도는 연간 1,800만 원까지 가능하기에, 세액공제 한도 600만 원을 초과한 납입액은 중도인출 시 세금 부담 없이 인출 가능합니다.

또 연말정산 결정세액이 0원이거나 오히려 돌려받아 세액공제 혜택을 받지 못하는 경우는 어떻게 되는 걸까요? 아마 사회초년생이라면 소득이 적어 세액공제를 받지 않아도 뱉어낼 세금이 없을지 모릅니다. 그렇다고 해서 실망할 필요는 없습니다. 세액공제 혜택을 받지 못한 적립금은 '세액공제 받지 않은 추가 납입금'으로 분류되기 때문에 해당 금액은 원한다면 내년 혹은 그 이후로 이월시켜 세액공제 혜택을 받을 수 있습니다.

세액공제 이월 신청 절차는 간단합니다. 연말정산 결정세액이 0원이라면 연말정산 시 연금저축의 공제금액을 빼고 신고합니다. 그다음 5월 종합소득세 신고기간 이후 7~8월쯤 홈택스(www.hometax.go.kr)에서 '연금보험료 등 소득·세액 공제확인서'를 출력합니다. 그리고 연금저축계좌가 있는 증권사나 보험사 앱에 들어가서 '세액공제 관리'와 관련된 메뉴를 찾습니다. 해당 메뉴에서 세액공제 이월 신청이 가능하며 찾기 힘들다면 고객센터에 전화해 문의하기 바랍니다. 중도인출 시 연금저축을 운용하는 금융사에서 연금저축에 대해 공제를 받았는지 받지 않았는지 확인이 불가할 수 있기 때문에 과세 대상으로 잡힐 수 있습니다. 따라서 과세 대상이 아니라는 점을 명확히 해두기 위해 세액공제 이월 신청을 해두는 게 좋습니다.

연금저축펀드 vs. 연금저축보험

연금저축펀드는 원금 보장이 불가하고 운영 성과에 따라 손실이 발생할 수 있습니다. 반면 연금저축보험은 연금 개시 시점에는 원금이 보장되고 예금자 보호가 된다는 장점이 있습니다. 문제는 사업비입니다. 연금저축보험은 불입한 금액에서 사업비가 빠지기 때문에 중도해지 시 원금에서 큰 손실이 발생할 수 있습니다. 사업비는 계약체결비용, 계약관리비용, 연금관리수수료 등이 있으며 보통 10% 내외입니다. 연금 수령기간에도 연금관리수수료는 빠져나갑니다. 다만 연금저축보험은 추가 납입이

■ **연금저축펀드 vs. 연금저축보험**

연금저축펀드	구분	연금저축보험	
증권사		생보사	손보사
자유 납입식	납입 방식	정기 납입(2개월 납입 중지 시 실효), 반드시 10년 이상 납입	
주식형, 채권형, 혼합형	상품 유형	금리 연동형	
적립 잔액 대비 일정율을 매일 부과	수수료 부과 방식	매월 납입하는 보험료에서 사업비 선 차감 후 적립	
확정기간형(최대 30년)	연금 수령 방식	확정기간형 또는 종신형	확정기간형 (최대 25년)

자료: 미래에셋자산운용

가능한데 추가 납입분에는 사업비가 붙지 않습니다.

　연금저축보험은 원금에서 사업비가 10%가량 빠지다 보니 예금 금리 수준에서 좀 더 높은 공시이율을 적용하더라도 원금을 회복하기까지 최소 7~8년 이상 소요됩니다. 또 겨우 원금을 회복한 시점에서는 당연히 수익률도 높지 않습니다. 아주 과거에 가입한 상품이라면 최저보증이율이 높을 수 있는데, 그럴 경우 금리가 낮아져도 최저보증이율만큼은 보장을 받기 때문에 여유가 있다면 추가 납입을 통해 수익률을 극대화할 수 있습니다. 추가 납입은 보통 연간 납입액의 2배까지 가능합니다.

　연금저축펀드는 자유롭게 넣고 싶은 만큼 넣을 수 있는 반면, 연금저축보험은 매월 정해진 금액을 정기적금처럼 불입하는 방식입니다. 세액공제 혜택은 매년 600만 원까지 가능하기 때문에 매월 최대 50만 원씩 납입 가능하며 이 경우 연말정산 시 최대 99만 원을 환급받을 수 있습니다. 이렇게 매달 불입하는 원금에서 사업비를 뺀 남은 원금에서 공시이율을 기준으로 매달 이자가 계산되어 누적되는 방식입니다. 공시이율은 변동되는 변동금리인데요. 아무리 떨어지더라도 최저보증이율만큼은 보장됩니다.

　연금 수령 방식은 확정기간형, 종신형으로 구분되며, 중도인출은 보험사마다 다를 수 있는데 보통 인출 횟수가 제한되고 최저유지금액을 남기고 인출이 가능합니다. 다만 세액공제 혜택을 받은 적립금과 운용수익에 대해 기타소득세 16.5%가 부과됩니다. 세액공제 혜택을 받지 않은 원금에 대해선 기타소득세가 붙지 않습니다.

　사업비가 없다고 해서 연금저축펀드가 무결점인 것은 아닙니다. 내가 자유롭게 불입해 직접 굴리는 상품이기 때문에 원금이 보장되지 않고 예금자 보호 또한 적용되지 않습니다. 하지만 단점보다는 장점이 많은 상품이니 이왕 가입한다면 연금저축펀드를 추천합니다. 지금까지 연금저축보험과 연금저축펀드를 비교해봤습니다. 다시 본론으로 돌아와서 IRP의 경우 안전자산의 비중을 최소 30% 이상 보유해야 하지만, 연금저축펀드는 위험자산으로만 100% 굴릴 수 있습니다. 특히 연금계좌에서는 국내상장 해외 ETF 매매를 추천합니다. 그 이유는 일반 계좌에서 국내상장 해외 ETF를 매매할 경우 분배금에 15.4%의 배당소득세가 과세되는 반면, 연금계좌에서 거래할 때는 매매차액과 분배금에 대한 과세가 이연되기 때문입니다. 과세 이연으로 온전히 받은 이자를 다시 굴려 복리 혜택을 볼 수도 있고, 연금 수령 시 3.3~5.5% 세금만 내면 되기 때문에 혜택이 상당히 큽니다. 반면 국내 주식만 담겨 있는 ETF는 피하는 것이 좋습니다. 국내 주식은 본래 매매차익이 비과세인데 IRP에서 매수하면 훗날 이익금으로 계산되어 안 내도 될 세금을 낼 수 있기 때문입니다. 또한 ETF는 특성상 0.2% 정도 되는 증권거래세도 면제되기 때문에 연금계좌에 ETF를 채우면 여러모로 장점이 많습니다.

훗날 연금의 연간 수령액이 1,500만 원을 초과할 경우 단일세율(지방세 포함 16.5%)로 분리과세하거나, 금융소득종합과세 대상이 되어 높은 세율이 적용될 수 있으니 주의가 필요합니다. 16.5% 분리과세를 적용한다 해도 연금소득세율(3.3~5.5%)과 비교하면 굉장히 큰 차이입니다. 중요한 점은 연금의 연간 수령액 1,500만 원에 국민연금, 공무원연금, 사학연금, 군인연금, 별정우체국연금 등 공적연금은 포함되지 않습니다.

일반적으로 연간 1,500만 원을 수령한다는 것은 10년간 수령 시 1억 5천만 원 이상을 모아야 가능하며, 20년간 수령 시 3억 원 이상이 필요합니다. 이만큼 고액을 모을 생각이 아니라면 금융소득종합과세는 크게 걱정할 필요가 없습니다.

연금저축의 또 다른 장점은 건강보험료에서 자유로울 수 있다는 것입니다. 보통 금융소득이 일정 부분을 초과하면 금융소득종합과세는 물론 건강보험료도 인상되기 마련인데요. 연금저축은 연금 개시 전까지 비과세이기 때문에 금융소득에 포함되지 않습니다. 매년 납입 한도 1,800만 원까지 꽉 채워서 불입하는 경우가 이런 이유 때문입니다. 또한 연금저축은 세액공제 혜택을 받지 않은 금액에 대해서는 언제든지 인출이 자유롭습니다. 또 세액공제 혜택을 받았다고 하더라도 필요한 만큼 인출이 가능합니다. 인출하는 액수에 해당하는 만큼만 세액공제 혜택을 다시 돌려주면 됩니다. IRP와 연금저축 중 어디에 입금할지 고민이라면 상대적으로 인출이 자유로운 연금저축을 추천합니다.

합리적인 만능통장 ISA

ISA(Individual Savings Account)란 개인종합자산관리계좌로 하나의 통장으로 주식, 예적금, 펀드(ETF), ELS 등에 투자할 수 있는 만능 절세 통장입니다. 담고 싶은 상품을 이것저것 담을 수 있는데 심지어 절세 혜택까지 제공하는 마법의 '바구니'라고 생각하면 이해가 쉽습니다.

가입은 1인 1계좌만 가능하기 때문에 하나은행에서 ISA를 가입했는데 삼성증권에서 다시 가입하고 싶다면 하나은행에서 개설한 ISA를 해지 또는 이전해야 합니다. ISA는 크게 금융기관에서 직접 고객의 포트폴리오를 운용해주는 일임형과 가입자가 직접 운용을 지시하는 신탁형, 신탁형에서 한 발 더 나아가 주식에까지 투자할 수 있는 중개형이 있습니다.

■ ISA 유형별 특징

구분	중개형	신탁형	일임형
투자 방식	투자자가 직접 운용	투자자의 운용 지시	금융기관에 운용 일임
보수	개별 상품 보수	신탁 보수+ 개별 상품 보수	일임수수료+ 개별 상품 보수
투자 가능 상품	펀드(ETF), 리츠, ELS, DLS, RP		
	국내 상장주식 신주인수권	예적금	예적금
적합 고객	직접투자 선호	확정금리 선호	포트폴리오 투자 선호

3가지 ISA는 유형에 따라 성격만 조금 다를 뿐 세제 혜택은 동일합니다.

좀 더 자세히 살펴보겠습니다. 일임형은 말 그대로 내 돈을 금융기관에 일임해 대신 운용해달라고 맡기는 것을 말합니다. 고객의 투자성향에 따라 금융사가 미리 만들어놓은 포트폴리오 내에서 운용이 가능합니다. 신탁형은 고객이 직접 투자할 상품과 규모를 고르는 것으로, 금융기관은 매매만 신탁하는 방식이기 때문에 따로 포트폴리오를 제시할 수 없습니다. 최근 금리가 높아지면서 예금 수요층이 늘어났는데요. 안정적인 재테크를 원한다면 신탁형으로 예적금 상품을 골라 가입하면 됩니다. 마지막으로 중개형은 신탁형, 일임형과 달리 직접투자가 가능하다는 장점이 있습니다. 해외 주식에 대한 직접투자와 예금 가입을 제외한 거의 모든 금융 상품에 투자가 가능합니다.

계좌를 관리하고 운용하기 귀찮고 전문가의 손길로 자산이 불어나길 기대한다면 일임형을, 예금처럼 안정적인 상품에 주로 투자하고 싶고 배당주에 관심이 있다면 신탁형을, 주식 투자 경험이 풍부하고 직접 운용하길 원한다면 중개형을 권합니다. 자신의 성향에 따라 가입하면 됩니다. 만약 신탁형에 가입되어 있는데 중개형으로 이전하고 싶다면 신탁형에서만 가입 가능한 상품의 만기가 도래할 때까지 기다렸다가 그 이후 이전이 가능합니다. 또한 기존 계좌 내 가입한 상품을 모두 매도한 후 이전해야 합니다. 계좌 이전을 하더라도 세제상의 불이익은 없습니다. 다른 금융기관으로도 계좌를 이전할 수 있습니다. 다만 약관 및 계약서에 따른 보수, 환매수수료 등을 차감한 후 나머지 금액이 이전됩니다. 갖고 있는 금융상품을 해지하면서 생길 환매수수료(펀드), 중도상환비용(파생결합증권), 금리 손실(예금) 등을 잘 고려해서 이전으로 인한 손해는 없는지 따져볼 필요가 있습니다.

가입기간은 기본적으로 3년 이상 유지해야 비과세 혜택을 볼 수 있습니다. 그 이상 유지해도 상관은 없기 때문에 3년을 채우더라도 계속 연장 가능합니다. 소득이 없어도 만19세 이상이라면 누구나 가입 가능하며 직전년도 근로소득이 있는 15세 이상~19세 미만 거주자도 가입 가능합니다. 다만 직전 3년간 금융소득종합과세에 1회 이상 해당되었다면 가입이 불가합니다. 또한 ISA에 가입한 후 금융소득종합과세 대상자가 될 경우 해지 처리는 되지 않지만 국세청 부적격 통보 시 과세특례를 적용받은 소득세액에 상당하는 세액이 추징될 수 있습니다.

연간 최대 2천만 원까지 납입이 가능하고 5년까지 채울 경우 총 1억 원까지 납입 가능합니다. 그런데 그동안 납입 및 비과세 한도가 낮아 충

■ISA 현행 납입 및 비과세 한도와 개정안

구분	현행	개정(2024년 예정)
납입 한도	연 2천만 원, 총 1억 원	연 4천만 원, 총 2억 원
비과세 한도	200만 원, 서민형 400만 원	500만 원, 서민형 1천만 원
가입 대상	금융소득종합과세 대상자 가입 불가	금융소득종합과세 대상자 가입 가능(단 14% 분리과세 적용)

분한 지원이 되지 않는다는 지적에 따라 최근 「조세특례제한법」 개정안이 발의되면서 ISA의 납입 및 비과세 한도가 대폭 개선될 전망입니다. 연 2천만 원(5년 최대 1억 원)에서 4천만 원(5년 최대 2억 원)까지 납입 한도를 늘리는 법안이 추진되고 있습니다. 해당 법안이 통과될 경우 공포 후 3개월 뒤 시행이라는 부칙에 따라 이르면 2024년 중순부터 시행될 수 있습니다.

당해 불입을 안 하고 계좌만 개설해도 그다음 해에 한도가 이월되기 때문에 우선 계좌라도 만들어두는 것이 좋습니다. 또한 납입 한도에서 중도인출할 경우 납입 한도가 복원되지 않으며 해당 금액만큼 한도가 차감됩니다. 예를 들어 2024년에 2천만 원을 불입하고 2024년에 2천만 원을 인출했다면 2024년 불입 한도는 이미 채운 것으로 봅니다.

ISA의 가장 큰 장점은 비과세 혜택입니다. 3년을 채우면 이익이 발생한 부분에 대해 비과세 혜택이 적용됩니다. 3년마다 비과세 혜택을 받을 수 있으니 만기 연장을 하지 않고 3년마다 재가입하는 것도 좋은 전략입니다. 다만 ETF를 매도하지 않고 계속 운용할 예정이라면 만기를 길게 잡는 것이 좋습니다. 계좌 만기가 3년일 경우 만기 후 일반과세 처리될 수 있으니 만기 연장에 신경 쓰는 것이 좋습니다. 처음부터 10년, 20년, 30년 이런 식으로 만기를 길게 가입하는 것도 한 방법입니다. 만기가 길어도 의무기간 3년만 지나면 혜택을 받고 해지할 수 있습니다.

비과세 혜택의 규모는 가입자의 자격 기준에 따라 나뉩니다. 자격 기준은 일반형과 서민형으로 나뉘는데요. 총 급여 5천만 원 이하 근로자, 종합 소득금액 3,800만 원 이하 사업자라면 서민형에 해당합니다. 일반형은 이익에 대해 200만 원까지, 서민형과 농어민은 이익에 대해 400만 원까지 비과세 혜택이 있습니다. 비과세 한도 또한 최근 인상이 논의되고 있는데요. 기존 200만 원에서 500만 원으로, 서민형은 기존 400만 원에서 1천만 원으로 상향 조정될 전망입니다.

만약 일반 계좌에서 금융 투자로 이익이 발생했다면 이익에 대해 세금 15.4%가 원천징수됩니다. 그런데 ISA는 투자해서 얻은 이익에 대해 일반형은 200만 원(개정 시 500만 원), 서민형은 400만 원(개정 시 1천만 원)까지 비과세로 세금을 부과하지 않으며, 비과세 한도를 초과한 금액에 대해서는 9.9% 저율로 분리과세를 합니다. 다시 말해 비과세 한도를 초과해도 15.4%를 부과하는 게 아니라 저율 분리과세로 9.9%만 부과한다는 것입니다. 좋은 점은 일반과세가 아닌 분리과세이기 때문에 금융소득종합과세에 포함되지 않는다는 것입니다.

눈여겨볼 점은 일반 계좌를 통해 여러 상품에 투자할 경우 손익을 고려하지 않고 각각의 이익에 대해 모두 세금이 붙는 반면, ISA는 통합적

■ 일반 계좌 vs. ISA

으로 관리하기 때문에 '순이익'에 대해서만 세금이 붙는다는 사실입니다. 일반 계좌의 경우 손실은 차치하고 이익에 대해 모두 과세합니다. 예를 들어 A펀드에서 300만 원 손실을 보고, B예금과 C주식에서 각각 300만 원 수익을 얻었다고 가정해봅시다. 펀드에서 본 손실과 무관하게 예금과 주식으로 600만 원의 이익을 얻었다면 15.4% 과세를 적용해 세금 92만 4천 원이 발생합니다. 반면 같은 조건에서 ISA는 600만 원 이익에 300만 원 손실을 제하고 여기에 비과세 200만 원(일반형 기준)을 추가로 제한 금액에 대해서만 9.9% 저율로 분리과세를 적용합니다. 또 한 가지 예를 들어보겠습니다. 가령 ISA로 주식에서 1천만 원의 손실을 보고 ELS에서 500만 원의 이익을 냈다면 총 손실만 500만 원이기 때문에 세금을 한 푼도 내지 않아도 됩니다.

ISA는 IRP, 연금저축과 달리 연말정산 시 세액공제 혜택이 없기 때문에 중도해지하더라도 불이익은 없습니다. 다만 3년을 다 채운 게 아니기 때문에 비과세 혜택과 분리과세 혜택은 볼 수 없습니다.

주식 투자를 적극적으로 하거나, 배당주 위주로 투자할 경우 ISA는 특히 유용합니다. 예를 들어 일반 계좌에서 배당이 100만 원 들어오면 15.4%를 제하고 수령해야 합니다. 하지만 ISA는 일정 부분 비과세가 적용될 뿐만 아니라 비과세 한도에서 초과된 부분은 9.9%의 저율과세로 분리과세가 적용됩니다.

ISA라고 해서 단점이 없는 것은 아닙니다. 일단 수수료가 발생합니다. 초기에 ISA가 주목받지 못한 이유는 수수료 때문이라도 해도 과언이 아닙니다. 다만 신탁형과 일임형이 아닌 중개형은 가입자 본인이 직접 상품을 고르고 운용하는 것이기 때문에 수수료가 저렴하다는 특징이 있습니다. 또 고위험 상품일수록 수수료가 비싸고 저위험 상품일수록 수수료가 싸기 때문에 저위험 상품 위주로 투자한다면 수수료가 크게 발목을 잡진 않을 것입니다.

또 다른 단점은 해외 주식, 해외상장 ETF에 직접투자가 불가하다는 부분입니다. 이 점이 개인적으로 좀 아쉽습니다. 하지만 국내에 상장되어 있는 해외 ETF에 간접투자가 가능하니 괴리율이 낮고 거래량이 많은 ETF라면 적극 활용해보기 바랍니다. 요즘은 해외에 상장된 ETF와 거의 비슷한 성과를 내는 국내상장 해외 ETF가 꽤 많아졌기 때문에 다행히

■ 국내상장 ETF vs. 해외상장 ETF 비교

구분		국내상장 ETF	해외상장 ETF
매매차익		배당소득세(15.4%), 손익통산 ×	양도소득세(22%), 손익통산○
분배금		배당소득세(15.4%)	국가별 세율(미국 15%)
편의성		국내 거래시간, 원화 매수	해외 거래시간, 환전 후 매수
절세계좌			
IRP		과세 이연, 손익통산 ○	활용 불가
		레버리지, 인버스, 위험자산 70% 투자 제한	
		중도해지 시 기타소득세 16.5%	
		세액공제: IRP+연금저축 900만 원	
연금저축		과세 이연, 손익통산 ○, 담보대출 ○	
		레버리지, 인버스 투자 제한	
		중도해지 시 기타소득세 16.5%	
		세액공제: 600만 원	
ISA		과세 이연, 손익통산 ○	
		최대 5년까지 투자 제한	
		수익 200만 원 비과세 (서민형 400만 원)	

■ 해외상장 ETF와 유사한 국내상장 해외 ETF

구분	국내상장 해외 ETF	해외상장 ETF
나스닥100	ACE 미국나스닥100	Invesco QQQ Trust ETF
	KBSTAR 미국나스닥100	
	KODEX 미국나스닥100TR	
	KOSEF 미국나스닥100(H)	
	TIGER 미국나스닥100	
배당귀족	TIGER 미국S&P500배당귀족	ProShares S&P500 Dividend Aristocrats ETF
배당 성장& 펀더멘털	ACE 미국배당다우존스	Schwab U.S. Dividend Equity ETF
	SOL 미국배당다우존스	
	TIGER 미국배당다우존스	
현금흐름 우수	TIGER 미국캐시카우100	Pacer U.S. Cash Cows 100 ETF
경제적 해자 보유	ACE 미국WideMoat가치주	VanEck Vectors Morningstar Wide Moat ETF

자료: 미래에셋증권

해외 주식, 해외상장 ETF에 직접투자하는 것과 거의 유사한 효과를 볼 수 있습니다.

만기 3년으로 짧게 가져가야 한다면 ISA에서 예금 가입도 가능한데요. 시중은행 예금 금리와 비교해 고금리라면 그리고 세금 우대 한도가 꽉 차서 과세로 가입해야 한다면 적극 활용해볼 수 있습니다. 다만 ISA는 수수료가 기본적으로 0.1~0.2% 정도 붙으니 세금 혜택을 받고 수수료를 제해도 이득인지 확인해야 합니다.

마지막 단점은 3년 동안 돈이 묶인다는 것입니다. 최소 3년은 유지해야 비과세가 되기 때문입니다. 만약 돈이 필요하다면 원금에 대해서는 중도인출이 가능하지만 수익금은 중도인출이 불가하기 때문에 필요시 해지해야 합니다. 예를 들어 원금은 1천만 원이고 수익이 200만 원이라면 1천만 원은 중도인출이 가능하지만 수익 200만 원은 인출이 제한됩니다.

만일 단기간에 목돈이 필요한 상황이라면 ISA는 추천하지 않습니다. 최소 3년은 굴려야 한다는 점을 잘 기억하기 바랍니다. 10년 이상을 바라보는 IRP, 연금저축과 달리 ISA는 3~5년의 중기 투자적 성격이 강하므로 기간에 맞게 활용하기 바랍니다.

참고로 만기 해지 시 수익에 대해서는 분리과세가 적용되어 금융소득종합과세에서 자유로울 수 있지만, 중도해지 시 발생한 수익에 대해서는 금융소득종합과세에 포함될 수 있습니다.

그럼 만기 이후로는 어떤 식으로 운용하는 것이 좋을까요? 만일 만기 자금을 60일 이내에 연금저축계좌로 전환하면 추가적인 세금 혜택이 적용됩니다. 이체액의 10%, 최대 300만 원까지 추가 세액공제가 가능합니다. 예를 들어 만기액 중 3천만 원을 연금저축계좌로 이전할 경우 연말정산 시 300만 원의 세액공제가 적용됩니다. 따라서 만기가 3년마다 돌아오도록 계획하면 3년마다 세액공제를 추가로 받을 수 있습니다.

만기 시 연금저축계좌나 IRP로 이체할 수 있는데요. 이때 IRP보다는 연금저축계좌로 옮기는 것이 나을 수 있습니다. 연금저축계좌로 이체하면 그다음 해 1월 1일 언제든 인출이 가능하지만, IRP로 이체하면 만55세 이전에는 인출이 어렵기 때문입니다. 예를 들어 3천만 원의 만기액을 연금저축펀드로 이체하면 10%인 300만 원에 대해 추가로 연말정산 시 세액공제 혜택이 적용됩니다. 이때 나머지 2,700만 원은 아무런 제한 없이 언제든 인출이 가능합니다. 연금 개시 전까지 그대로 묶이는 IRP보다는 자금을 유연하게 쓸 수 있는 연금저축펀드로 이체하는 게 훨씬 낫겠죠.

만일 장기간 묶여도 되는 돈이고, 노후에 쓸 돈이 부족해 연금을 더 채우고 싶다면 ISA 만기액을 IRP로 옮기는 것이 좋습니다. 그래야 금융소득종합과세와 건강보험료에서 자유로울 수 있습니다. 만기 후 ISA를 재개설할 때 필요 자금으로 사용해야 한다거나, 목돈이 묶이는 게 부담스럽다면 세액공제 혜택을 받은 납입액 외에는 언제든 인출 가능한 연금저축계좌로 전환하는 것이 좋습니다.

채권을 알면 경제가 보인다

"최근 미국 국채 금리가 오르고 있어 주식 시장이 영향을 많이 받고 있다."

채권에 대한 이해가 부족하다면 언론에서 이러한 보도를 접하더라도 '국채 금리? 주식 시장? 이게 다 무슨 말이야?' 하는 반응을 보일지 모릅니다. 이번에는 채권에 대해 알아보고 채권금리가 오르내리는 것이 어떻게 경제에 영향을 미치는지 알아보겠습니다. 채권에 대해 알면 경제를 바라보는 시각도 달라질 수 있으니 이번 장을 눈여겨보기 바랍니다.

누군가에게 돈을 빌려준 경험이 있나요? 살면서 한번은 있을 것이라 생각합니다. 돈을 빌려주면 보통은 그냥 빌려주는 게 아니라 빌려준 증거, 즉 차용증이라는 걸 쓰게 됩니다. 차용증에는 빌려준 금액과 받을 이자, 언제 돌려받을지 상환일 등을 적는데요. 이렇게 돈이 필요한 사람이 돈을 빌려달라고 차용증을 발행하는 것을 '채권'이라고 부릅니다. 채권을 발행하는 이유는 쉽게 말해 불특정 다수에게 "나 돈 좀 빌려줄 사람!" 하고 알리기 위해서입니다.

예를 들어 내가 1천만 원이 필요하다고 가정해봅시다. 그래서 1천만 원짜리 채권을 발행했습니다. 사람들이 돈을 가져오면 원금과 이자를 언제까지 주겠다고 적은 차용증을 나눠주게 됩니다. 이렇게 나는 필요한 돈 1천만 원을 만들고, 돈을 빌려준 여러 사람은 채권을 받습니다.

채권의 종류는 다양한데요. 발행 주체에 따라 채권의 이름이 정해지기 때문에 이를 구분하는 방법은 아주 단순합니다. 국가에서 돈이 필요해서 채권을 발행하면 국채, 회사에서 돈이 필요해서 채권을 발행하면 회사채, 공공기관에서 돈이 필요해서 채권을 발행하면 공채, 금융기관 등에서 돈이 필요해서 채권을 발행하면 금융채, 한국은행에서 통화 안정을 위해 채권을 발행하면 통안채, 개인 간 돈을 빌리고 빌려주기 위해 발행하는 채권을 사채라고 합니다. 이런 식으로 채권을 발행한 주체가 누구냐에 따라 이름이 정해집니다.

그럼 채권은 안전자산일까요, 위험자산일까요? 채권은 안전자산으로 분류합니다. 채권은 채권을 발행하는 주체가 망하지 않는 한 확정 수익률을 제공하기 때문에 주식처럼 불확실성이 높지 않으며 안전하게 이자를 받을 수 있습니다. 그래서 보험사를 비롯한 금융기관은 목돈이 들어오면 이 돈을 위험한 주식에 투자하기보다는 만기 때 고객에게 돌려줘야 하니 주로 안전자산인 채권에 투자합니다.

그럼 모든 채권이 다 안전할까요? 그런 것은 아닙니다. 발행한 주체가 망할 확률이 낮을수록 안전하다고 평가합니다. 국가가 망할 확률이 높을까요, 기업이 망할 확률이 높을까요, 아니면 개인이 파산할 확률이 높을까요? 아무래도 국가가 가장 안전하다고 생각될 것입니다. 망할 확률이 낮으니 채권도 안전하다고 판단합니다. 그래서 많은 투자자가 주로 국채를 선호합니다. 국채 안에서도 선호도는 갈립니다. 좀 더 안전한 선진국과 한국처럼 잘 발전한 이머징국가의 채권은 인기가 많은 반면, 부채가 많고 경제적으로 힘든 나라의 국채라면 수익률을 많이 준다고 해도 크게 선호하지 않을 것입니다.

그럼 회사채는 어떨까? 대부분의 기업이 필요한 자금을 조달하기 위해 주식과 채권을 발행합니다. 그간 수익이 많이 났고 믿을 만한 기업이라 평가되는 곳은 회사채 역시 걱정이 덜할 것입니다. 흥미로운 것은 우리나라 1등 기업 삼성전자는 회사채가 없다는 점입니다. 확보한 현금이 많기 때문에 굳이 회사채를 발행할 필요가 없어서입니다. 너무 좋은 기업입니다. 그런데 만약 어떠한 다른 이유로 삼성전자에서 채권을 발행하겠다고 발표하면 어떻게 될까요? 돈을 빌려주려고 많은 사람이 몰릴 것입니다. 이처럼 채권은 발행 주체의 상태에 따라 빌리는 사람이 선호하느냐, 덜 선호하느냐가 갈립니다.

채권의 평가 등급은 회사채의 경우 AAA부터 D등급까지 구분되는데요. 이러한 채권의 신용등급 평가는 국외에선 S&P, 무디스, 피치가 국내에선 나이스신용평가, 한국신용평가, 한국기업평가 등이 맡습니다. 우리

■ 채권 등급에 따른 구분

투자적격 여부	평가 등급	이자 수익	채권 수익률	가격 변동성
투자적격	AAA(A△△)	작다	낮다	낮다
투자적격	AA(A△)	↑	↑	↑
투자적격	A			
투자적격	BBB(B△△)			
투자부적격	BB(B△)	↓	↓	↓
투자부적격	B 이하	크다	높다	높다

나라에선 BB등급 이하로는 투자부적격 등급, 흔히 '투기' 등급 채권이라고 부릅니다.

그럼 채권은 어떤 식으로 시장에서 거래될까요? 지금부터 이 3가지를 명심하기 바랍니다. 첫째, 채권은 정기예금처럼 만기 날짜가 정해지고 원금과 이자가 확정됩니다. 둘째, 채권은 주식처럼 발행량이 정해져 있습니다. 셋째, 채권의 가격은 수요와 공급에 의해서 정해집니다.

신용점수가 900점대로 높고 돈도 굉장히 잘 버는 A라는 사람이 있다고 가정해봅시다. 어느 날 A가 1억 원이 필요해서 돈만 빌려주면 1년 뒤에 이자 5%를 확정으로 주겠다고 약속합니다. '이 사람은 믿을 만하지.' '다른 곳에 투자해도 별 재미가 없는데 5%면 괜찮네.' 주변 사람들은 이렇게 생각합니다. 곧 평판이 좋은 A에게 돈을 빌려주겠다는 사람이 많이 몰려들었습니다. 이때 발행되는 채권의 양은 정해져 있습니다. 찾는 사람이 많아도 목표로 한 1억 원이란 돈이 다 차면 더 이상 발행할 필요가 없기 때문입니다.

그런데 채권을 사간 사람 중 한 명이 만기 전에 갑자기 돈이 필요해졌습니다. 그럼 A에게 찾아가 채권을 중도에 해지하겠다고 요청할 수 있을까요? 아닙니다. 이것이 채권이 예금과 다른 점입니다. 예금은 본인이 원하면 중도에 언제든 해지가 가능하지만 채권은 그렇지 않습니다. 만기가 되기 전에는 돈을 못 찾기 때문에 돈이 필요하면 다른 누군가에게 채권을 팔아야 합니다. 마치 주식을 거래하듯이 사고팔 수 있기 때문에 돈이 필요하면 채권 자체를 판매하면 됩니다.

다른 금융상품에 비해 아직까지 A가 발행한 채권의 수익률이 월등히 좋은 편이라면 빌려준 원금보다 좀 더 많은 돈을 받고 판매가 가능할 것입니다. 반대로 시장 상황이 좋지 않다면 손해를 볼 수도 있습니다. 참고로 주식은 만기가 없지만 채권은 만기가 정해져 있어 채권 거래는 당연히 만기 전까지만 가능합니다.

그럼 채권금리는 채권의 가격과 어떻게 움직일까요? 일반적으로 채권금리, 즉 채권 수익률이 오르면 채권 가격도 올라갈 것이라 생각할 수 있습니다. 그런데 그 반대입니다. 마치 시소처럼 채권금리가 올라가면 채권 가격은 내려가고, 채권금리가 내려가면 채권 가격은 올라갑니다.

만약 어떤 사람이 1천만 원이 필요해서 1년 뒤 이자 50만 원을 약속한 1천만 원짜리 채권을 발행했다고 가정해봅시다. 해당 채권의 가격, 즉 원금은 1천만 원이고 수익률은 연 5%입니다. 원금과 수익률 1,050만 원은 만기에 받기로 확정된 고정 시세라고 보면 됩니다. 그런데 1천만 원이였

■ 채권금리와 가격의 상관관계

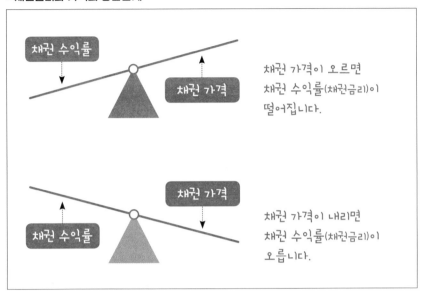

던 채권 가격이 시장에서 950만 원까지 떨어졌다면, 이 채권을 950만 원에 산 사람은 만기에 얼마를 받을까요? 고정 시세 1,050만 원은 변함이 없기 때문에 950만 원에 매입했다면 채권 수익률은 대략 10% 조금 넘을 것입니다. 그럼 누가 더 이득일까요? 당연히 채권 가격이 저렴할 때 산 사람입니다. 이처럼 채권금리가 5%일 때 산 사람보다 10%일 때 산 사람이 더 이득이라는 걸 알 수 있습니다.

만기에 받기로 정해져 있는 돈은 고정되어 있지만 중간에 오르내리는 채권의 가격에 따라 채권금리, 즉 채권의 수익률이 결정됩니다. 쉽게 말해 채권 가격이 오르면 채권금리가 내려가고, 채권 가격이 내려가면 채권 금리는 올라갑니다.

그럼 채권의 만기기간에 따라 금리는 어떻게 달라질까요? 만기가 짧고 유동성이 높을수록 국채 금리는 낮아지고, 만기가 길수록 국채 금리는 높아집니다. 국채의 종류는 기간에 따라 1년물부터 30년물까지 다양합니다. 일반적으로 기간이 길수록 금리가 높은데 경제가 불황일 때는 장단기 금리 역전 현상이 나타나기도 합니다. 즉 통상적인 상황에선 단기 채권보다 장기 채권의 금리가 높지만, 시장이 경기 침체 등 불황을 예상하면 안전자산을 선호하는 심리가 우세해지면서 장기 채권의 가격이 상승하고 장단기 금리가 역전됩니다.

채권은 크게 2가지 방법으로 투자를 할 수 있습니다. 증권사 HTS, MTS를 통해 직접 사는 방법과 ETF, 채권형 펀드 등 관련 금융상품을 통해 간접적으로 투자하는 방법입니다. 직접 사기를 원한다면 장내거래와 장외거래의 개념을 알아야 합니다. 사실 채권은 개인이 발행 즉시 직접 살 수는 없습니다. 기관이 사간 뒤에 일반 투자자와 거래하는 개념입니다. 장내거래는 기관이 한국거래소 채권 시장에서 채권을 판매하는 시장입니다. 장외거래는 증권사가 그 물량을 선별해 산 다음 일반 투자자와 거래하는 것을 의미합니다. 채권에 대해 잘 모른다면 되도록 장외거래를 통해 증권사를 거친 채권을 구입하는 것을 권합니다.

펀드의 개념과
투자 요령

펀드의 사전적 의미는 어떤 목적을 위해 불특정 다수로부터 모은 돈을 말합니다. 예를 들어 붕어빵이 700원인데 2개에 1천 원에 판다면 두 사람이 각각 700원을 주고 사는 것보다 500원씩 모아서 2개를 구입하는 게 효율적일 것입니다. 이처럼 하나의 목적을 가지고 여러 사람에게 모은 돈을 펀드(Fund)라고 부릅니다.

금융 투자에 있어서 펀드는 주식, 채권에 투자하기 위해 투자자로부터 모은 돈을 말합니다. 불특정 다수의 투자자로부터 모은 돈은 펀드매니저에 의해 운용되어 주식, 채권으로 수익을 만듭니다. 그리고 투자자는 그 수익을 투자한 비율대로 나눠받습니다. 플러스가 나면 플러스를 돌려주고 마이너스가 나면 마이너스로 돌려주는 실적 배당의 형태입니다. 투자 상품에 따라 해외 주식에 투자하면 해외 주식 펀드, 원자재에 투자하면 원자재 펀드가 되는 개념입니다.

펀드에 투자하는 이유는 무엇일까요? 주식에 투자한다는 것은 삼성전자나 LG화학 등 내가 원하는 종목을 골라 직접 그 기업에 투자하는 것을 말합니다. 문제는 여러 종목에 투자는 하고 싶은데 개별 기업의 재무제표, 양상과 전망, 언제 사고팔아야 하는지 등 본업이 따로 있는 개인 투자자 입장에선 챙기고 공부해야 할 것이 한두 가지라 아니란 점입니다. 또 한두 곳에 몰아서 투자하기보다는 안전하게 분산투자하고 싶은데 시총도, 가치도, 시가도 각기 다른 종목을 일일이 담고 관리하기가 번거로울 수 있습니다. 어떤 분야에 투자하고 싶은데 현실적으로 개인이 해당 분야 전체의 기업을 포트폴리오에 담기란 불가능한 일입니다.

한 개인이 작은 돈으로 수십 수백 개 혹은 그 이상의 기업에 골고루 투자하는 것은 어려운 일입니다. 그런데 개인이 아닌 여러 사람의 돈을 모아 투자의 규모를 키운다면 충분히 가능합니다. 이처럼 펀드는 개인이 작은 돈을 불입하더라도 전문가인 자산운용사가 여러 기업의 주식을 사서 대신 투자해주는 대표적인 간접투자 방식입니다. 소액으로는 대규모 자금이 소요되는 포트폴리오를 구성할 수 없기에 개개인의 작은 돈을 모아 기금을 만드는 것입니다. 이때 채권과 주식을 매매하고 관리하는 전문가를 펀드매니저라고 하는데요. 펀드매니저가 일정 부분 수수료를 받고 복잡한 투자의 과정을 대신 밟아준다고 이해하면 됩니다.

펀드에 대해 이해하기 위해서는 펀드와 관련된 회사를 아는 게 중요합니다. 펀드와 관련된 회사로는 자산운용사, 수탁사, 판매사, 사무관리사가 있습니다.

먼저 자산운용사는 채권과 주식을 사고팔며 펀드를 운용하는 펀드매니저가 소속된 회사를 말합니다. 쉽게 말해 돈 굴리기를 전문으로 하는 곳입니다. 자산운용사에 소속된 펀드매니저가 펀드를 책임지고 운용하게 됩니다.

그다음으로 수탁사는 고객들이 펀드에 돈을 투자하면 그 돈을 실제로 보관하는 회사입니다. 즉 펀드와 연계되어 있는 은행이나 증권사를 의미합니다. 펀드에 투자된 자금은 판매사나 자산운용사가 보관하는 것이 아닌 수탁사가 보관합니다. 만약 투자자가 펀드를 판매하면 자산운용사의 펀드매니저는 이 수탁사에서 자금을 찾아 투자자에게 돌려주게 됩니다. 자산운용사가 아닌 수탁사에 자금을 보관하는 이유는 금융 사고를 방지하기 위함인데요. 이 말은 즉 자산운용사나 판매사가 망하더라도 고객의 실제 돈을 보관하는 수탁사가 있는 한 걱정할 필요는 없다는 뜻입니다.

판매사는 말 그대로 펀드를 판매하는 곳입니다. 보험에 가입하려면 보험을 파는 곳에 가야 하듯이 펀드에 가입하기 위해서는 펀드를 파는 곳, 펀드 판매사에 가야 합니다. '홍길동'이라는 회사가 '슈퍼홍길동펀드'를 만들었다면 그것을 일반 고객에게 소개하고 판매하는 회사도 필요할 것입니다. 이때 '슈퍼홍길동펀드'를 판매하는 판매사는 한 곳이 아닌 여러 곳일 수 있습니다.

펀드를 파는 곳은 주로 은행, 증권사, 보험사이며 판매하는 곳의 이름만 다를 뿐 동일한 펀드를 판매하기도 합니다. 예를 들어 소위 디스커버리 펀드라 불리는 미래에셋자산운용의 '미래에셋디스커버리증권투자회사'의 경우 미래에셋투자증권에서만 판매하는 것이 아닌 교보증권, 신한은행 등에서도 판매하고 있습니다. 참고로 판매사는 펀드 판매 및 마케팅을 위해 고객에게 펀드에 대한 설명과 투자 권유 등을 하게 되는데요. 이때 '펀드투자권유자문인력' 자격증을 보유해야 판매가 가능합니다.

마지막으로 사무관리사는 자산운용사의 사무 보조 역할을 하는 곳이라고 생각하면 됩니다. 자산운용사와 수탁사 사이에서 발생하는 기타 업무를 맡아서 진행하는 곳입니다.

이처럼 하나의 펀드에 가입하면 4곳의 회사가 일을 분담해서 투자를 진행하게 됩니다. 다시 말해 펀드 가입자는 판매, 운용, 수탁, 사무 업무와 관련해 보수와 수수료를 지급해야 합니다. 비행기를 타고 여행하는 과정과 비슷하다고 볼 수 있습니다. 우리가 탑승한 비행기가 펀드 상품이라면 항공사는 자산운용사이고, 탑승에 필요한 예약이나 취소, 자리 변경 등의 업무를 맡은 곳이 사무관리사, 항공권을 판매하는 여행사나 온라인 플랫폼이 판매사, 돈이 오갈 때 그 돈을 보관하거나 지불 및 환불과 같은 업무를 수행하는 곳이 수탁사입니다. 마지막으로 탑승객은 펀드에 가입하는 투자자일 것이고, 비행기를 운항하는 기장은 펀드매니저일 것입니다.

펀드에 투자할 때 고민이 필요한 부분은 운용보수와 각종 수수료입니다. 비행기나 기장은 탑승객인 우리가 바꿀 수 없지만 저렴한 항공권을 찾아 판매하는 판매처를 선별하는 것은 충분히 가능한 일입니다. 실제로 탑승객을 보면 제각기 항공권 가격이 다른데요. 그 이유는 수수료에서 차이가 나기 때문입니다. 목적지가 같은 비행기를 타고 있어도 왼쪽 사람은 나보다 저렴한 가격에 탔을 수도 있고, 오른쪽 사람은 나보다 비싼 가격에 탔을 수도 있습니다.

펀드의 운용보수와 수수료는 투자를 직접 하지 않고 남한테 맡겼으니 발생하는 당연히 내야 하는 '대가'입니다. 일을 대신해주는 사람이나 업체에 정기적으로 지불하는 돈에 해당합니다. 동일한 펀드일지라도 판매 채널에 따라 운용보수와 수수료가 조금씩 다르기 때문에 잘 따져볼 필요가 있습니다.

펀드를 보면 펀드명 말미에 A, C, E, S 등이 붙는데요. 이러한 펀드명을 통해 펀드를 구매한 채널이 어디인지 알 수 있습니다. 이것을 '클래스'라고 부릅니다. 예를 들어 은행이나 증권사 직원을 통해 펀드를 구매하면 A나 C가 붙게 되고, 'A-e' 'C-e'는 은행이나 증권사 직원의 도움 없이 온라인 채널을 통해 구매하면 붙는 표기입니다. 보통 'A-e' 'C-e'의 수수료가 저렴한 편입니다. 클래스 표기 중 S는 한국포스증권이 운영하는 펀드슈퍼마켓에서 살 수 있습니다. 연평균 판매 보수가 가장 저렴합니다. 전자제품은 판매 채널이 다르면 품질에 차이가 있을 수 있지만 펀드는 그렇지 않습니다. 판매 채널, 즉 클래스가 다르다고 해서 펀드의 질이나 수익률이 다른 것은 아닙니다.

그럼 펀드 투자의 장점은 무엇일까요? 앞서 이야기했듯이 펀드는 소액으로도 분산투자가 가능하다는 장점이 있습니다. 개인이라면 대규모 자금이 소요되는 포트폴리오를 구성하기 어렵지만 불특정 다수가 기금을 모아 운용되는 펀드에서는 충분히 가능합니다. 당연히 직접투자에 비해 선택의 폭도 넓습니다.

펀드는 전문가에 의해 관리되고 운영되기 때문에 상대적으로 안전성이 뛰어납니다. 개인이 취득하고 분석하기 어려운 전문적인 영역의 정보를 바탕으로 전문가인 펀드매니저가 자금을 운용하므로 개인 투자자의 한계를 극복할 수 있습니다.

펀드는 소액의 자금을 꾸준히 적립해 투자하는 '적립식 투자'를 추천합니다. 왜냐하면 일시에 목돈을 투자하는 것보다 상대적으로 위험을 감소시킬 수 있고, 매달 동일한 금액으로 적립식 투자를 이어나가면 가격이 비쌀 때는 조금 사고 가격이 쌀 때는 많이 사는 '코스트 에버리징' 효과를 볼 수 있습니다. 따라서 펀드는 단기투자가 아닌 긴 안목으로 장기투자하는 것이 좋습니다.

물론 펀드라고 해서 장점만 있는 것은 아닙니다. 예적금보다 높은 수익률을 기대할 수 있지만 투자한 자산의 가격이 하락하면 원금 손실 가능성이 있습니다. 투자에 성공하면 큰 수익을 얻을 수 있지만 반대로 실패하면 원금 손실로 이어질 수 있어 주의가 필요합니다. 그래서 반드시 여윳돈으로 불입하는 것이 좋습니다. 은행에 돈을 맡기면 이율은 적더라도 원금을 보호받을 수 있지만 펀드는 그렇지 않습니다. 주가가 떨어질 경우 생기는 손해를 펀드매니저가 책임져주지 않기 때문에 항상 여윳돈으로 투자해야 합니다. 또한 주식 시장의 대세 상승기에는 한두 종목에 목돈을 일시에 투자하는 것보다 수익률이 낮을 수 있습니다.

수수료도 잘 따져봐야 합니다. 중간에 해지하면 해지 위약금이 발생할 수 있고 기간을 채워도 운용수수료, 판매수수료, 환매수수료, 보관수수료 등 적지 않은 수수료가 발생할 수 있어 잘 알아보고 가입해야 합니다.

또한 모집액이 적은 펀드는 관리하는 펀드매니저가 수시로 바뀔 수 있고 관리 및 운영에 소홀해질 수 있습니다. 그러면 수익률도 낮아지겠죠.

그럼 좋은 펀드는 어떻게 골라야 할까요? 자산운용사, 증권사, 은행 등의 앱에 들어가면 여러 펀드를 마치 쇼핑하듯이 비교하고 고를 수 있습니다. 가장 중요한 부분은 '설정액'이 큰 펀드를 고르는 것입니다. 돈이 많이 모였다면 그럴 만한 이유가 있다고 보는 것이 좋습니다. 수익률이 좋거나 전망이 좋기 때문에 펀드에 돈이 몰린다고 보면 됩니다. 또 설정액이 클수록 시장을 주도할 힘이 있다는 뜻이고, 자산운용사 측에서도 소홀히 관리할 수 없겠죠. 펀드의 크기는 수익률과 직결되는 경우가 많으므로 되도록 설정액이 큰 펀드를 고르기 바랍니다.

참고로 펀드는 자산운용사도 중요합니다. 규모가 큰 자산운용사일수록 비용을 줄일 수 있습니다. 또 규모의 경제에 의해 다양한 상품을 출시하기 때문에 소규모 자산운용사보다는 규모가 큰 자산운용사를 고르는 것이 좋습니다.

이 밖에 증권사나 은행 앱에 들어가면 '수익률 높은 펀드' '이달의 펀드' '고수가 선택한 펀드' '평가 등급이 우수한 펀드' 등 입맛에 맞게 펀드를 추천하기도 하니 참고하기 바랍니다.

대세로 떠오른
ETF 투자

시장이 혼란스럽고 불황이 깊어질수록 개별 종목의 리스크와 투자 자산의 가격 변동폭은 커지기 마련입니다. 아무리 전망이 좋고 유망한 업종일지라도 개별 회사 자체에 문제가 생기면 주가는 기대와 달리 하락할 수밖에 없습니다. 이처럼 특정 산업군이 유망해 전체적으로 지수가 상승하더라도 개별 종목에 투자할 경우 예상하지 못한 손실을 보게 될 때가 있습니다.

'상장지수펀드'라고도 불리는 ETF(Exchange Traded Fund)는 한 종목에 투자하는 것이 아닌 업종에 투자하는 것이기 때문에 개별 종목에 비해 상대적으로 안전하다는 장점이 있습니다. 직접 개별 주식을 고르는 수고

■ ETF 5년간 추이

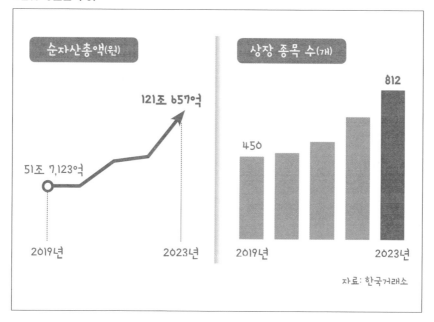

순자산총액(원)

121조 657억

51조 7,123억

2019년   2023년

상장 종목 수(개)

812

450

2019년   2023년

자료: 한국거래소

를 하지 않아도 되는 펀드 투자의 장점과 언제든지 쉽고 편하게 매매할 수 있는 주식 투자의 장점을 모두 가지고 있어 최근 인기를 얻고 있습니다. ETF 투자의 효용과 장점이 부각되면서 최근 국내 ETF 시장은 견조한 성장세를 보였습니다.

2023년 ETF 시장의 순자산총액은 42조 원 이상 급증해 120조 원을 돌파했습니다. 국내 신규 상장한 ETF의 수도 역대 최대치로 집계되면서 이른바 ETF 열풍이 이어지고 있는 상황입니다. 2023년 신규 상장된 종목은 160개로 2002년 ETF가 처음 출시된 이후 가장 많았습니다.

ETF는 특정 지수의 성과를 추적하는 인덱스펀드를 거래소에 상장시켜 주식처럼 거래할 수 있는 상품입니다. 예를 들어 S&P500은 국제신용평가사 S&P가 미국의 500개 우량주를 꼽아 발표하는 주가지수이자 미국에서 시장을 가늠할 때 가장 많이 활용되는 대표적인 지표입니다. 우리가 잘 알고 있는 애플, 마이크로소프트, 구글, 메타, 아마존 등이 S&P500 안에 모두 들어가 있다고 보면 됩니다.

만약 S&P500에 투자하는 국내상장 ETF 'KODEX 미국S&P500TR'이나 'TIGER 미국S&P500'에 투자한다면 미국 대표 우량주 500개 전체를 조금씩 매수한 것과 유사한 효과를 볼 수 있습니다. 지수추종형 ETF는 특정한 주가지수의 움직임을 추종해 그 수익률이 결정되기 때문에 펀드에 투자한 것과 유사합니다. 이 안에서도 오르는 종목이 있고 내려가는 종목이 있기에 평균을 산출해서 지수가 오르면 그만큼 ETF의 가격이 오르고, 지수가 떨어지면 그만큼 ETF의 가격은 떨어집니다.

이해를 돕기 위해 좀 더 쉬운 예를 살펴보겠습니다. 만약 우리가 아이의 미래에 투자해야 한다고 가정해봅시다. 한 학생을 상대로 투자하는 방법과 상위 100등 안에 드는 100명의 학생을 선별해 투자하는 방법이 있습니다. 매번 성적이 좋고 잘나간다는 보장만 있다면 한 학생에게 집중투자하는 것이 수익률 면에서는 좋겠지만 만일 중간에 악재가 생긴다면 어떨까요? 변수에 따라 투자금을 제대로 회수할 수 없을지도 모릅니다. 만일 상위 100등 안에 드는 학생들에게 자금을 배분해 투자한다면 상대적으로 실패의 부담은 덜할 것입니다. 다 잘할 수는 없어도 그 안에서 꾸준히 잘하는 학생은 분명 존재할 것이고, 장기간 안정적으로 수익을 낼 수 있겠다는 믿음은 견고해질 것입니다.

그럼 국내에 상장한 ETF가 수백 개에 달하는 이유는 무엇일까요? 학생을 선별하는 방식과 기준이 다양하듯이 ETF가 추종하는 지수도 다양할 수 있기 때문입니다. 성적이 상위권인 학생 100명만 뽑아서 투자할 수도 있고, 미술만 잘하는 학생 10명만 뽑아서 투자할 수도 있고, 음악에 재능이 있는 학생 50명만 뽑아서 투자할 수도 있습니다. 마찬가지로 주제와 콘셉트에 따라 ETF도 다양하게 만들어지고 있습니다. 성격이 비슷한 여러 기업체를 선별해 평균값을 추종하는 ETF, 예를 들어 제4차 산업혁명을 이끄는 핵심 기업만 모아놓거나 반도체 시장을 선도하는 기업만 모아놓은 ETF도 판매되고 있습니다.

ETF는 크게 코스닥, 코스피, 나스닥처럼 특정 주가지수의 움직임을 추종하는 지수추종형 ETF와 기술주, 성장주처럼 특정한 주제에 따라 기업을 선별해 추종하는 테마형 ETF로 나뉩니다. 지수를 추종하는 패시브 ETF가 대표적이기에 국내에서는 상장지수펀드라고 불리지만 지수추종형 ETF 외에도 통화, 채권, 원자재, 인버스, 레버리지 등 다양한 자산과 전략을 추적하는 액티브 ETF가 존재합니다. 최근에는 문화콘텐츠, 클라우드, 헬스케어, 전자상거래, 자율주행, 반도체 등 주로 제4차 산업혁명과 관련된 IT기업에 대한 투자가 늘어나면서 관련 ETF가 시장에서 주목받고 있습니다.

예를 들어 미래에셋운용사의 'TIGER 미국테크TOP10 INDXX'는 나스닥에 상장된 미국의 대표 기술주를 추종하는 ETF 중 하나입니다. 시가총액 10위 안에 드는 종목에 집중 투자하는 상품으로 애플, 마이크로소프트, 아마존, 구글, 테슬라 등 미국 최고의 혁신기업으로 평가받는 10개

기업에 집중 투자합니다. 또한 정기적으로 시가총액이 높은 순서대로 투자 비중을 변경하는 리밸런싱을 하고 있어 수익성과 안전성을 모두 갖춘 좋은 종목이라고 볼 수 있습니다.

ETF 투자의 장점은 다음과 같습니다.

■ ■ ■

1. 분산투자

ETF는 한 종목에 투자하는 것이 아닌 여러 종목이 모인 지수를 추종하는 상품이기 때문에 장기투자에 적합한 안정적인 상품입니다. 만약 유망한 회사라고 생각해 한 기업에만 집중적으로 투자한다면 여러 위험요소를 헤쳐 나가야만 합니다. 산업의 발전 가능성과 무관한 내부 문제(조직문화, 경영권 문제, 횡령 등)로 인해 매출이 감소하고 주가가 하락할 수 있기 때문입니다. 반면 ETF는 미래가 유망한 기업을 묶어 분산투자하는 것이므로 비교적 안전한 투자가 가능합니다.

■ ■ ■

2. 편리한 리밸런싱

ETF가 추종하는 지수 내 종목은 언제든지 변화할 수 있습니다. 예를 들어 나스닥100을 추종하는 ETF를 매수한다고 가정해봅시다. 해외상장 ETF로는 'QQQ' 'QLD' 등이 있고, 국내상장 ETF로는 'KODEX 미국나스닥100TR' 'TIGER 미국나스닥100' 등이 있습니다. 나스닥100은 나스닥에 상장한 비금융업종 중 대표 기업만을 모아 지수화한 것으로, 개별 기업의 상황에 따라 상위 100위 안에 드는 기업은 언제든지 바뀔 수 있습니다. 지수 내 기업이 주기적으로 바뀌기 때문에 해당 지수를 추종하는 ETF는 자연스럽게 변동성이 줄어드는 효과를 볼 수 있습니다.

■ ■ ■

3. 저렴한 운용보수와 투명한 운용

ETF는 운용보수가 저렴하다는 장점이 있습니다. 펀드매니저의 역량과 노고가 큰 펀드와 달리 벤치마크 지수를 정확히 추종하는 일은 대부분 자동화 작업으로 이뤄지기 때문에 큰 비용이 들지 않습니다. 그래서 일반 주식형 펀드의 보수는 연간 1~2%로 높은 반면, ETF는 연간 0.2~0.4% 수준으로 저렴한 편입니다.

■ ■ ■

4. 쉽고 간편한 거래

ETF는 펀드와 달리 주식처럼 상장되어 있어 실시간으로 가격을 확인하고 매매할 수 있다는 장점이 있습니다. 또한 해외 투자가 어려운 개인투자자에게 있어 해외에 투자하는 국내상장 ETF는 굉장히 매력적인 상품입니다. 우리가 해외 투자를 어렵게 느끼는 이유는 국내 기업만큼 정보를 접하기 쉽지 않고, 시시각각 변하는 환율에 대응하기 어렵고, 개장시간이 국내와 달라 미국 주식의 경우 새벽에 거래해야 하기 때문입니다. 해외에 투자하는 국내상장 ETF의 경우 국내 자산운용사가 만들어 국내 주식 시장에서 거래되기 때문에 접근성이 좋다는 장점이 있습니다.

ETF는 자본의 제약이 있는 개인 투자자로 하여금 다양한 투자 기회를 제공하며, 안정성과 수익성을 동시에 노릴 수 있는 효과적인 투자 도구입니다. 자신에게 맞는 좋은 ETF를 선택해 적금을 넣듯이 매달 꾸준히 장기적으로 투자한다면 개별 주식에 직접 투자하지 않아도 안정적인 수익을 기대할 수 있습니다.

왜 달러 투자인가?

 달러는 전 세계에서 통용되는 화폐, 즉 기축통화입니다. 미국 달러가 역사적으로 금, 은화, 영국 파운드 등의 뒤를 이어 본격적으로 기축통화의 지위를 차지한 것은 미국에서 금본위제가 시작되면서부터입니다.

 한때 금은 높은 가치 담보성을 지니고 있어 전 세계에서 통용되는 화폐의 역할을 했습니다. 그러나 무게 때문에 운반이 불편하다는 점, 세계 경제의 모든 거래 수요를 충족할 만큼 채굴량이 충분하지 못하다는 점이 걸림돌로 작용했습니다. 경제는 날로 팽창하는데 금 채굴량이 늘어나지 않는다면 디플레이션에 직면할 수 있기 때문입니다.

 금의 여러 단점을 보완하기 위해 등장한 것이 금의 가치와 화폐의 가치를 동일하게 만드는 금본위제였습니다. 금본위제의 '본위'라는 말은 '근본'이라는 뜻입니다. 다시 말해 금이 근본이 되어 금이 지닌 가치만큼 돈을 찍어낼 수 있다는 의미입니다. 통용되는 화폐의 가치를 금의 가치에 고정시킨 것입니다. 산업혁명의 발원지 영국이 1816년 가장 먼저 금본위제(금 1온스=4.86파운드)를 채택해 영국의 파운드가 금을 대신하기 시작했습니다.

금본위제로 물가가 안정되자 사람들은 집에 보관하고 있던 금을 풀어 영란은행에 예금했습니다. 은행을 중심으로 한 신용화폐 세상이 열린 것입니다. 언제든 종이화폐를 들고 가면 금으로 바꿔준다고 하니 사람들은 환호했습니다. 영국은 금본위제를 통해 세계무역 60%를 장악했고, 런던 금융 시장은 전 세계 투자의 절반을 소화해냈습니다. 이후 여러 국가가 금본위제를 채택하면서 안정적인 무역 거래가 이뤄졌고 전 세계 경제는 엄청난 속도로 발전했습니다.

문제는 대외무역을 위해 금과 연계된 자국의 통화가치를 유지하기 위해서는 국내 경기 조절을 일정 부분 포기해야 한다는 점입니다. 예를 들어 내수경기가 나빠지면 유동성을 늘려 경기를 부양시켜야 하는데, 금본위제로 인해 금을 갖고 있는 '만큼'만 화폐를 찍어낼 수 있어 문제가 되었습니다. 결정적으로 제1차 세계대전이 시작되자 경제 불황이 찾아왔고 영국의 국내 경기는 침체기에 빠졌습니다. 영국을 중심으로 금본위제를 실시한 국가들은 자국 경제를 살리기 위해 사실상 금본위제를 포기하고 전쟁 비용 마련에 나섰고, 경제를 살리기 위해 금보다 많은 돈을 찍어내기 시작했습니다. 이후 대공황까지 터지면서 파운드 중심의 금본위제는 무너졌고, 결국 영국은 1931년 금본위제 폐지를 선언합니다.

제2차 세계대전 이후 패권은 영국에서 미국으로 완전히 넘어갔습니다. 두 차례 전쟁으로 기축통화의 주도권은 영국 파운드에서 미국 달러로 이양되었습니다. 제2차 세계대전 종전을 앞두고 1944년 미국은 전후 세계의 금융 질서를 세우기 위한 회의를 브레튼우즈에서 개최합니다. 이 자리에 참석한 44개 연합국 대표들은 미국 달러를 기축통화로 한 금본위제를 채택하기로 합의합니다. 당시 미국은 세계 금 보유고의 80%를 소유하고 있었기 때문에 브레튼우즈 체제에 서명한 국가들은 미국의 지급능력을 의심하지 않았습니다. 이때부터 금 1온스는 35달러로 고정되어 교환되기 시작합니다.

이후 베트남 전쟁으로 경상수지 적자에 시달리던 미국이 1971년 달러를 금과 일정 비율로 고정하는 금태환을 정지한다고 발표하면서 브레튼우즈 체제는 막을 내립니다. 금본위제를 유지하는 상황에서는 화폐를 원하는 만큼 찍어낼 수 없다 보니 경기가 어려워지고 물가가 치솟아도 부양책을 내는 것이 사실상 불가능했습니다. 하지만 그동안 달러는 글로벌 금융 거래와 국제 무역의 핵심 통화로 자리 잡았고, 세계 각국은 금태환 정지 이후에도 오히려 달러 보유액을 확보하기 위해 노력했습니다. 1971년 말 달러는 전 세계 외환 보유액의 65% 비중이었지만, 1977년 말에는 79%까지 치솟았고 현재까지 기축통화의 자리를 굳건히 지키고 있는 상황입니다.

'달러화가 앞으로도 기축통화의 지위를 유지할 수 있을까?' 하는 의문이 들지 모릅니다. 기축통화로서 달러의 역사는 불과 100년이 채 되지 않기 때문입니다. 기축통화가 기축통화로서 통용되고 그 지위를 유지하기 위해 갖춰야 할 조건은 무엇일까요? 기축통화가 갖춰야 할 4가지 조건은 다음과 같습니다.

1. 세계 경제를 선도할 수 있는 발행국의 경제력
2. 모든 국제 거래에서 폭넓게 사용될 수 있는 교환성
3. 통화 가치의 급속한 하락 위험이 적은 안전성
4. 금융의 국제화 및 선진화된 금융 시장

미국은 4가지 조건을 모두 갖추고 있다고 봐도 무방합니다.

사실 미국 달러뿐만 아니라 넓은 범주에서는 유럽의 유로, 일본의 엔, 중국의 위안 등도 기축통화에 포함되어 있습니다. 단지 국제 무역에 있어서 가장 중요하게 쓰이는 화폐가 미국 달러일 뿐입니다. 특히 석유자원이 풍부한 국가들이 원유 대금을 오롯이 달러로만 결제하도록 한 '페트로 달러(Petro Dollar)' 체제를 도입하면서부터 미국 달러의 지위는 더욱 공고해졌습니다.

기축통화는 재산권을 보호할 수 있는 신뢰와 신용을 바탕으로 이뤄집니다. 위안화의 발행국인 중국의 경우 환율조작국으로 지정된 바 있고, 엔화를 사용하는 일본은 미국을 상대할 만한 경제력이 없으며, 유로화는 영국의 브렉시트 이후 그 영향력이 감소한 추세입니다. 달러의 기축통화로서의 역할이 축소되고 동시에 신뢰에 대한 가치가 떨어지지 않는 한 달러가 대체될 가능성은 매우 작다고 볼 수 있습니다.

■ 달러 인덱스와 세계 경제 주요 사건

■ 전 세계 외환 보유액 통화별 비중(단위: %)

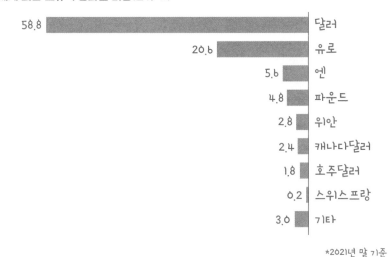

*2021년 말 기준
자료: IMF

그럼 우리가 달러에 투자해야 하는 이유는 무엇일까요? 환율은 돈의 가치를 나타냅니다. 나라 경제가 좋아지면 화폐 가치가 상승하는 반면, 경제가 나빠지면 화폐 가치는 하락합니다. 그런데 우리나라 경제에 가장 큰 영향을 미치는 것은 다름 아닌 미국의 경제입니다. 미국의 경제가 악화되면 주변국은 더 큰 위기에 직면하곤 합니다. 그에 따라 주변국의 화폐 가치는 크게 하락합니다. 그런데 아이러니하게도 주변국의 경제가 흔들리면 달러의 가치는 오르는 경향이 있습니다.

실제로 미국 경제가 위기에 빠지면 달러는 오히려 강해지는 모습을 보였습니다. 닷컴 버블이 꺼졌을 때, 글로벌 금융위기가 발생했을 때, 미국 신용등급이 강등되었을 때 미국 경제가 침체에 빠졌지만 달러 가치는 상승했습니다. 미국의 경제 침체는 곧 글로벌 경제 침체로 이어져 안전자산인 달러에 대한 수요를 늘리기 때문입니다. 주변국의 정치, 경제가 불안해지면 달러는 더욱 빛을 발합니다. 이러한 이유로 미국 시민이 아니더라도 달러를 보유해야 하며, 환율 변동성에 대한 기대감을 바탕으로 위기 때 내 자산을 보호해줄 안전자산으로 삼아야 합니다.

달러가 안전자산으로서 각광받는 이유는 환율 변동성이 다른 화폐에 비해 크지 않기 때문입니다. 달러 환율은 상방과 하방에 제한이 있어 시간이 흘러도 크게 변동되지 않는 안정적인 화폐로 꼽힙니다. 해외 어디를 가더라도 달러는 현지 통화와 함께 사용되며, 국제 거래에 사용되는 은행의 통장 절반 이상이 달러통장이고, 무역에 사용되는 통화가 달러이며, 각국 중앙은행이 외환보유고에 쌓은 돈의 60% 가까이가 달러인 상황입니다. 전 세계적으로 통용되고 있기 때문에 미국이 망하지 않는 한 달러

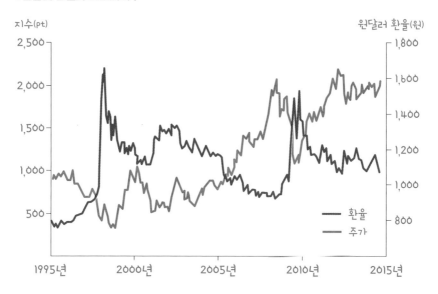

■ 원달러 환율과 코스피지수

지수(pt)   원달러 환율(원)

2,500 ┤   ├ 1,800

2,000 ┤   ├ 1,600

1,500 ┤   ├ 1,400

                                                           ├ 1,200

1,000 ┤   ├ 1,000

 500 ┤   ─── 환율   ├ 800
                          ─── 주가

      1995년   2000년   2005년   2010년   2015년

의 가치는 소멸하기 쉽지 않습니다.

 일반적으로 투자자산은 위험한 수준에 따라 위험자산과 안전자산으로
구분하는데요. 우리가 투자하는 주식은 대표적인 위험자산에 해당합니
다. 위험자산은 수익을 예상할 수 없을 뿐만 아니라 때로는 손실이 발생
하기도 합니다. 안전자산인 달러는 이런 위험자산을 헤지(Hedge)하는 데
쓰이기도 합니다.

 마치 시소처럼 안전자산과 위험자산은 반대로 움직이는 경향이 있어
안전자산이 오를 때 위험자산인 주식의 가격은 내려가고, 주식의 가격이
오를 때 안전자산인 달러의 가격은 내려갑니다. 주식 시장이 좋을 때는
안전자산에 대한 필요성을 못 느끼지만 경기가 얼어붙고 침체에 빠지면

위험자산을 팔고 안전자산으로 수요가 몰리는 현상이 벌어집니다.

그럼 미국 기준금리가 인상되면 달러에는 어떤 영향을 미칠까요? 달러의 가치가 상승해 원달러 환율이 오르게 됩니다. 일반적으로 미국의 기준금리가 높아지면 우리나라 자산에 투자했을 때 얻는 이익보다 미국 자산에 투자했을 때 얻는 이익이 더 높기 때문에 달러화를 사려는 수요가 늘어납니다.

중요한 것은 결국 리스크 대비 수익률입니다. 예를 들어 리스크가 거의 없는 사무직과 생명수당을 받으며 일하는 현장직이 있는데 두 직업의 연봉이 비슷하다면 어떨까요? 당연히 대부분의 구직자가 사무직으로 일하길 원할 것입니다. 투자 리스크가 작은 선진국 미국의 기준금리에 귀추가 주목되는 이유입니다.

미국은 세계 1위의 경제대국이자 군사강국입니다. 만약 미국 금융기관이 주는 이율이 연 5%이고, 다른 이머징마켓의 이율이 연 5%라면 어느 나라에 예금하는 게 이득일까요? 수익률이 같다면 리스크가 작은 미국에 예금하는 유인이 커질 것입니다.

일반적으로 미국 기준금리는 다른 국가에 비해 비슷하거나 낮은 수준을 유지합니다. 그러나 경제 불황이 찾아오고 고강도 인플레이션을 잡아야 하는 시기에는 미국이 선도적으로 금리를 올려 물가 잡기에 힘을 씁니다. 2022~2023년 미국이 소위 빅스텝, 자이언트스텝을 밟은 이유입니다. 한미 기준금리가 역전되는 현상은 1999년 6월~2001년 3월, 2005년 8월~2007년 9월, 2018년 3월~2020년 2월, 2022년 이후로 현재까지 4번 있었습니다.

먼저 1999~2001년은 1997년 IMF 외환위기의 여파로 우리나라 경제가 휘청이던 상황이었습니다. 당시 미국은 닷컴 버블로 경제가 지나치게 성장하며 과열되자 연속적인 기준금리 인상을 단행했고 그 결과 원달러 환율은 가파르게 상승했습니다. 이때 국내 경기와 주식 시장, 부동산 시장은 깊은 불황을 겪었습니다. 1997년 초 842원으로 시작한 원달러 환율은 연중 1,995원을 찍었습니다. 만약 이때 달러를 보유하고 있었다면 2배가 넘는 환율 상승분을 가져갔을 것입니다.

두 번째로 2005~2007년은 미국 기준금리가 우리나라 기준금리보다 높았음에도 이례적으로 원달러 환율이 하락하던 시절입니다. 미국 경제가 글로벌 금융위기로 치닫던 때였고, 우리나라 경제 상황이 오히려 미국보다 좋았습니다. 환율 측면에서 원화의 매력보다 달러의 매력이 극히 떨어지던 시기였기에 금리 역전 현상에도 불구하고 원달러 환율은 하락했습니다

세 번째로 2018~2020년 원달러 환율은 거침없이 상승했습니다. 글로벌 금융위기를 극복하고 2009년부터 0.25%의 저금리를 유지한 덕에 미국 소비자물가상승률은 2%대로 안정적이었습니다. 실업률도 완전고용에 다가서자 오히려 노동 시장 과열을 감안해 기준금리 인상을 단행합니다. 경기가 좋을 때 금리를 올려놓아야 경기가 안 좋을 때를 대비할 수 있다는 생각 때문이었습니다. 이때 한국은 미국의 금리 인상을 쫓아가지 못했습니다. 수출 여건이 악화되고 마이너스 성장을 기록하는 등 경제 상황이 좋지 못해 기준금리를 올릴 여력이 없었던 것입니다.

네 번째로 2022년 이후 미국은 코로나19 팬데믹으로 인한 공급망 쇼

크와 유가 급등, 글로벌 인플레이션을 막기 위해 초강도 긴축에 들어갑니다. 기준금리가 가파르게 오르자 미국 기준금리를 따라가지 못하는 현상이 벌어졌고, 외국인 자금 유출 우려가 확대되었습니다. 실제로 미국의 기준금리 인상 이후 국내 주식 시장에서 투자 자본의 상당수가 빠져나간 상황입니다. 이처럼 한국 경제가 좋지 못할 때 한미 기준금리 역전 현상이 벌어지면 원달러 환율이 상승한다는 것을 알 수 있습니다.

영화 〈국가부도의 날〉 주인공 윤정학은 IMF 외환위기를 앞두고 어떻게 돈을 벌었을까요? 다음의 3가지로 돈을 벌었습니다.

1. 달러 매수
2. 풋옵션 매수
3. 부동산 매수

이 중 달러 매수에 대해 곰곰이 살펴볼 필요가 있습니다. 환율이 오르는 요인을 보면 주식 시장과 외환 시장은 반대로 움직인다는 점, 글로벌 증시 불안에도 환율은 오를 수 있다는 점을 생각해봅시다. 종합금융사에 다니던 윤정학은 국가 부도를 먼저 눈치 채고 재빠르게 있는 대로 달러를 매입합니다. 얼마 후 달러는 폭등했고 그는 이제 시작이라며 달러를 팔아 저평가된 부동산을 매수해 큰돈을 법니다.

역사는 반복됩니다. 2008년 글로벌 금융위기, 2020년 코로나19 팬데믹, 2023년 실리콘밸리은행 파산 등 위기는 언제든 반복될 수 있습니다. 그리고 위기가 반복될 때마다 환율은 급등합니다.

투자의 귀재 짐 로저스는 2018년 한 강연장에서 고액의 자산가를 대상으로 이런 말을 합니다.

"제가 미국 달러를 보유하는 이유는 미국 달러가 건전통화라서가 아니라 위기가 오면 사람들이 우려심에 안전자산을 찾기 때문입니다. 사람들은 여전히 미국 달러를 안전자산으로 생각하고 있죠. 우리(미국)가 가장 큰 부채를 진 국가인데 말이죠. 사람들은 안전자산을 찾을 때 유로화를 사지 않습니다. 영국 파운드화를 사지 않죠. (…) 하락장에서 달러화가 큰 강세를 보이면 그때 저는 제가 가진 달러화를 매도하고 그 돈으로 다른 저평가된 투자처에 돈을 투자합니다. 얼마나 부자가 되기 쉬운지 아시겠죠?"

투자 목적이 아니더라도 자산 배분 차원에서 달러는 반드시 필요합니다. 자산 배분은 소형주, 대형주, 반도체주, 유틸리티주 이런 식으로 나누는 게 아닙니다. 단순히 주식 내에서만 분산투자하는 것이 아니라 채권, 부동산, 현금, 원자재, 금 등을 모두 아우르는 것이 진정한 자산 배분이라고 할 수 있습니다. 여러 자산 중에서도 달러는 원화를 헤지할 수 있는 매우 중요한 핵심입니다. 만약 국내 자산 시장이 하락할 때 내가 가진 모든 자산이 원화자산이라면 위험에 그대로 노출될 수밖에 없습니다. 리스크 헤지를 위해서라도 일정 부분 달러자산을 보유해야 하는 이유입니다.

물론 달러의 가치가 변동하는 원인은 너무나 다양하고 전문가도 쉽게 예측하기 어려운 게 현실입니다. 그래서 때로는 환차손이 발생할 수도 있습니다. 하지만 달러의 환율 변동폭은 그리 크지 않으며, 환차손이 발생한다 하더라도 달러 예금으로 보유 시 이자 수익으로 손실을 일부 줄일 수 있습니다.

 또한 자산의 일부라도 달러 포지션을 확보한다면 최근처럼 변동성이 높은 장세에서 포트폴리오 전체의 리스크를 낮추는 효과를 볼 수 있습니다. 눈앞에 보이는 환율이나 예금 이자보다는 위기의 원인인 화폐 가치 하락과 인플레이션을 고려해 장기적인 관점에서 달러를 보유할 필요가 있습니다.

환율을 알면 흐름이 보인다

환율이란 한 나라의 화폐와 외국 화폐의 교환비율을 뜻합니다. 각 국가의 통화 간 상대적 가치 차이를 나타내는 지표입니다. 환율은 각국의 경제 펀더멘털을 반영해 상승과 하락을 반복한다는 특징이 있습니다. 자국 내에서 쓰는 화폐를 기축통화 달러로 바꾼다는 것은 결국 돈을 주고 돈을 사는 것인데, 물건 값에 해당하는 달러의 가격은 생선이나 야채처럼 매일매일 시세가 변동합니다. 이러한 시세 변동을 우리는 환율을 통해 알 수 있습니다.

예를 들어 해외 시장에서 생선을 많이 수입했는데 생각보다 생선을 살 사람이 많지 않다면 생선 값은 어떻게 될까요? 날이 갈수록 떨어지고 소비자는 생선을 저렴하게 사올 수 있을 것입니다. 반대로 해외에서 산 생선의 양은 적은데 사고자 하는 사람이 많다면 생선 값은 어떻게 될까요? 서로 웃돈을 주더라도 생선을 사려고 할 것입니다.

마찬가지로 해외에서 사온 달러가 국내에 넘쳐난다면 달러의 가격은 하락할 것이고, 반대로 해외에서 사온 달러가 국내에 부족하다면 달러의 가격은 상승할 것입니다. 달러의 가격이 변동되면서 1달러를 사기 위해 지불하는 원화의 가격도 매일 달라지는데 이것을 환율이라고 합니다.

그럼 환율이 비싼지, 싼지 알기 위해서는 무엇을 확인해야 할까요? 고평가, 저평가 여부를 파악하기 위해선 특정한 기준이 필요할 것입니다. 이때 필요한 것이 바로 '매매기준율'입니다. 매매기준율을 알면 쌀 때 사고 비쌀 때 팔 수 있는 눈을 키울 수 있습니다. 매매기준율은 외환 시장에서 쓰이는 '평균환율'을 의미합니다. 환율은 수시로 변하지만 금융기관 입장에서는 개인 및 기업과 원활한 외환 거래를 위해 일정한 기준으로 고정된 환율이 필요할 것입니다. 서울외국환중개에서 외환 시장에서 발생한 모든 거래의 평균값을 낸 '매매기준율'을 고시하는 이유입니다.

서울외국환중개는 매 영업일마다 전날 거래된 모든 외환 거래의 평균값을 내어 오전 9시 전에 매매기준율을 고시합니다. 외환 시장은 평일 아침 9시부터 오후 3시 30분까지 열리는데 마치 주가가 계속 변동하듯이 환율도 시시각각 변동합니다. 서울외국환중개에서는 매분 변동된 환율을 고시합니다.

만약 매매기준율이 달러당 1,200원이라면 1,200원을 내야 1달러와 바꿀 수 있다는 뜻입니다. 여기서 원달러 환율이 200원 올랐다면 기존에

1,200원을 내야 바꿀 수 있었던 1달러를 1,400원을 내야 바꿀 수 있다는 뜻입니다. 그럼 화폐의 가치는 어떻게 바뀔까요? 기축통화인 달러를 기준으로 보면 아주 쉽습니다. 환율이 1,200원에서 1,400원으로 올랐다는 것은 달러의 가치가 올랐다는 뜻이고, 달러를 사기 위해 기존보다 원화를 더 써야 하니 원화의 가치는 하락했다는 뜻입니다. 이것을 간단히 원화 약세, 달러 강세라고 표현합니다.

반대로 매매기준일이 달러당 1,200원에서 1천 원이 되었다면 1달러를 1천 원만 내면 바꿀 수 있다는 뜻입니다. 환율이 1,200원에서 1천원으로 내려갔다면 달러의 가치는 하락했다는 뜻이고, 달러를 사기 위해 기존보다 원화를 덜 지불해도 되니 원화의 가치는 상승했다는 뜻입니다. 이것을 원화 강세, 달러 약세라고 표현합니다.

다음은 〈매일경제〉 2023년 1월 16일 기사입니다.

> 최근 한 달 새 달러당 원화 가치가 오르면서 달러 가치가 하락할 때 주가 흐름이 좋았던 기업들에 관심이 몰리고 있다. 16일 서울외국환중개에 따르면 달러당 원화 가치는 지난달 16일 1,301원에서 1,250원으로 4.7% 하락했다.

이제 기사의 내용이 머릿속에 쉽게 들어올 것입니다.

자, 환율의 개념을 이해했으니 환율 시세에 대해 좀 더 자세히 알아보겠습니다. 환율을 볼 줄 알아야 외화를 거래할 때 환차익이 얼마나 되는지, 내가 제대로 투자하고 있는지 알 수 있는데요. 환율을 보기 위해서는 다음의 5가지를 확인해야 합니다.

1. 매매기준율

2. 현찰 사실 때(현찰매도율)

3. 현찰 파실 때(현찰매입율)

4. 송금 보낼 때(전신환매도율)

5. 송금 받을 때(전신환매입율)

먼저 매매기준율입니다. 매매기준율은 말 그대로 달러를 거래할 때 매매의 기준이 되는 환율입니다. 그럼 매매기준율은 은행마다 다 같을까요? 아닙니다. 서울외국환중개에서 매매기준율을 고시한다고 했으니 다 같다고 생각할 수 있지만 그렇지 않습니다. 은행에서 매매기준율에 마진을 붙여서 고객에게 환전하기 때문입니다. 이 마진을 '스프레드'라고 합니다. 쉽게 말해 은행에서 환전을 해주고 가져가는 수수료라고 생각하면 됩니다. 은행에서 달러를 사고팔면서 발생하는 비용이 있다 보니 일정 부분 마진을 남기기 위해 수수료를 붙여 고객에게 제공하는 것입니다.

그럼 '현찰 사실 때' 환율은 뭘까요? 고객인 우리가 달러 현찰이 필요해서 환전을 하게 되면 원화를 팔고 외화를 사게 됩니다. 이처럼 고객이 달러 현찰을 살 때 적용되는 환율을 현찰 사실 때 환율이라고 부릅니다. 은행 입장에서는 달러 현찰을 고객에게 파는 것이니 '현찰매도율'이라고도 부릅니다. 현찰 사실 때 환율은 쉽게 말해 매매기준율에서 마진을 포함한 환율이라고 보면 됩니다.

이와 반대로 고객인 우리가 달러를 은행에 가져가서 원화로 바꿀 때는 '현찰 파실 때' 환율이 적용됩니다. 고객이 달러 현찰을 팔 때 적용되는

■ 환율 스프레드 1%일 때

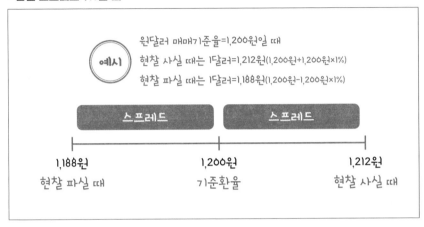

■ 환율 스프레드 1%, 환율 우대 50%일 때

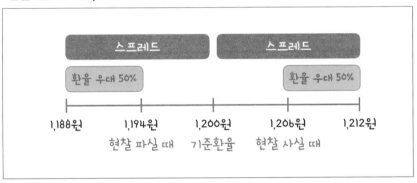

환율이니 현찰 파실 때라고 부릅니다. 은행 입장에서는 달러를 고객으로
부터 매입하는 것이니 '현찰매입율'이라고도 부릅니다. 현찰 파실 때 환
율은 매매기준율에서 마진을 빼고 고객에게 지급하는 환율이라고 보면
됩니다.

환차익을 보기 위해서는 최대한 마진을 깎을 필요가 있습니다. 매매기준율인 원가는 우리가 조정할 수 없지만 스프레드는 깎을 수 있습니다. 금융기관은 각종 이벤트로 '환율 우대'를 제공하는데요. 환율 우대란 매매기준율이 아닌 은행의 마진, 즉 수수료를 할인해준다는 의미입니다.

마지막으로 송금 보낼 때 환율과 송금 받을 때 환율에 대해 알아보겠습니다. 예를 들어 은행 창구에서 달러통장에 있는 돈을 원화계좌로 이체해달라고 요청한다고 가정해봅시다. 은행 직원은 달러 현찰을 실물로 찾아서 입금하는 것이 아닌, 전산 처리를 통해 현금 이체를 진행하게 됩니다. 이러한 과정을 전산상의 송금이어서 '전신환'이라고 부릅니다. 실물 현찰이 아닌 전산 처리만 진행하는 이유는 달러를 운송하고 옮길 때 드는 운송비, 보관료, 인건비 등 각종 비용을 줄일 수 있기 때문입니다. 현찰 사실 때, 현찰 파실 때 환율보다 전신환 수수료가 적게는 30%, 많게는 50% 정도 저렴한 이유입니다.

'송금 보낼 때' 환율은 말 그대로 고객이 앱이나 창구에서 원화계좌에 있던 돈을 외화계좌로 송금할 때 적용하는 환율입니다. 은행 입장에서는 전산상 달러를 파는 것이기 때문에 '전신환매도율'이라고도 합니다.

반대로 '송금 받을 때' 환율은 고객이 앱이나 창구에서 외화계좌에 있던 돈을 원화계좌로 받을 때 적용되는 환율입니다. 은행 입장에서는 전산상 달러를 사오는 것이니 '전신환매입율'이라고도 합니다.

이렇게 5가지 환율에 대해 살펴봤습니다. 이 부분을 잘 숙지하면 환율을 저렴하게 주는 은행이 어디인지, 또 수수료를 얼마나 할인해주고 있는지 쉽게 비교하고 확인할 수 있습니다. 어느 곳이든 매매기준율을 바탕으로 환율을 책정하기 때문에 비슷하긴 하지만, 거래금액이 크다면 수수료에서 큰 차이가 날 수 있으니 되도록 저렴한 곳에서 외환 거래를 진행하기 바랍니다.

달러에 투자하는 5가지 방법

달러 투자의 당위성에 대해 이해했다면 이제 구체적인 투자 방법에 대해 알아볼 차례입니다. 어떤 방법으로 안전자산 달러를 보유하고 불려나갈 수 있는지 알아보겠습니다.

• • •

1. 달러통장

달러 투자에 있어 가장 접근성이 좋고 간편한 방법은 은행에서 외화통장을 만드는 것입니다. 엔, 유로, 위안 등 여러 외화통장이 있지만 가장 기본은 역시 달러통장입니다. 달러통장의 종류로는 입출금이 자유로운 입출금통장, 매달 자유롭게 적립식으로 불입 가능한 적립식통장, 목돈을 한꺼번에 예치하는 거치식통장이 있습니다.

입출금통장은 단기 환테크에 유리한 상품입니다. 짧은 기간 사고팔기를 반복할 계획이라면 입출금통장을 이용하는 것이 유리합니다. 예적금처럼 만기까지 묶이면 팔고 싶어도 팔지 못하고 기다려야 하기 때문에 최적의 타이밍을 놓칠 수 있습니다. 환율이 저렴할 때 달러를 사서 올랐을 때 바로 팔 계획이라면 입금과 출금이 자유로운 통장이 이용하기 편리할 것입니다. 단 입출금이 자유롭기 때문에 이자는 거의 붙지 않는다고 보면 됩니다.

적립식통장은 만기를 정해두고 매달 자유롭게 불입하는 상품입니다. 정해진 기간 안에 제약 없이 자유롭게 달러를 모을 수 있습니다. 해외여행을 가기 위해 달러가 쌀 때 조금씩 모아두거나, 자녀 유학비를 모으는 용도로 활용하기 적합합니다. 만기를 정해두고 불입하는 상품이다 보니 만기를 채우면 이자도 받을 수 있습니다. 미국 기준금리가 높은 시기에 가입하면 국내 적금 수준의 금리를 적용받을 수 있어 유용합니다.

마지막으로 거치식통장은 만기를 정해두고 한꺼번에 목돈을 불입하는 상품입니다. 상품마다 다르긴 하지만 추가 불입이 가능한 상품도 있습니다. 안전자산을 확보해 포트폴리오의 안정성을 높이는 데 유용한 상품입니다. 미국 기준금리가 낮을 때는 이자가 거의 붙지 않지만 미국 기준금리가 높을 때는 국내 예금 수준의 금리를 적용받을 수 있어 유용합니다.

외화통장은 제1금융권이라면 어디서든 개설이 가능합니다. 비대면으로도 개설이 가능합니다. 외화통장에 달러를 모아 해외 주식을 매수할 계획이라면 이용하고 있는 증권사 앱과 연계된 은행에서 외화통장을 개설하는 것이 좋습니다(예를 들어 키움증권의 연계 은행은 국민은행). 외화통장을 개설하기 위해서는 환전을 위한 원화 입출금통장이 기본적으로 있어야 합니다.

달러통장의 장점은 이렇습니다. 개인이 자유롭게 환율이 낮을 때 달러를 사서 환율이 높을 때 팔 수 있어 환차익을 실현할 수 있습니다. 예를 들어 달러를 살 때 원달러 환율이 1,200원이었는데 팔 때 1,400원이었다면 1달러당 200원의 환차익을 벌 수 있습니다. 무엇보다 환차익은 세금을 물지 않습니다. 예적금 이자는 이자소득세 15.4%가 붙지만 환차익은 비과세입니다.

달러통장은 미국 기준금리의 영향을 받기 때문에 기준금리가 높은 시기에는 연 이율도 꽤 높은 편입니다. 미국 기준금리가 한국 기준금리를 앞지르는 금리 역전 현상이 벌어지는 시기에는 오히려 국내 예적금 금리보다 높은 이율을 보장하기도 합니다. 다만 외화통장에서 발생한 이자에 대해서는 국내와 동일하게 이자소득세 15.4%가 적용됩니다.

또한 달러통장도 은행에서 만드는 것이기 때문에 원화와 동일하게 예금액 5천만 원까지는 예금자 보호 대상입니다. 원화계좌와 외화계좌의 원금과 이자를 합산해 5천만 원까지는 예금자 보호가 적용되므로 안심하고 투자할 수 있습니다.

금융소득종합과세에서도 자유롭습니다. 연간 금융소득이 2천만 원을 초과하는 경우 금융소득종합과세가 부과되는데, 달러통장에서 발생한 환차익은 금융소득종합과세 대상에 포함되지 않습니다.

　물론 단점도 존재합니다. 가장 큰 단점은 환차손이 발생할 수 있다는 것입니다. 환율은 언제나 변동합니다. 환율 변동으로 인해 이익이 나기도 하지만 얼마든지 손해가 날 수도 있습니다. 환차손을 보지 않으려면 환율이 쌀 때와 비쌀 때를 구분해야 합니다. 싸고 비싸고는 상대적인 것이기 때문에 나름의 기준으로 판가름할 필요가 있습니다. 달러 시세는 얼마가 적당할까요? 정답은 없지만 최근 10년간 평균값은 확인이 가능합니다. 한국은행 경제통계시스템에서 원달러 평균 환율을 확인할 수 있습니다. 2012~2022년까지 원달러 환율 평균값은 1,150원대였습니다. 자신만의 기준을 바탕으로 꾸준히 분할 매수 또는 분할 매도히는 것이 좋습니다. 글로벌 경제와 관련된 뉴스와 기사 등도 틈틈이 확인해야 할 것입니다.

　또 다른 단점은 환전수수료입니다. 열심히 환테크를 해서 수익을 만들었는데 막상 환전수수료를 제하면 남는 게 별로 없다거나, 환전수수료 때문에 오히려 마이너스가 되는 경우도 있습니다. 달러를 살 때는 매매기준율에 수수료만큼 돈을 더 내야 하고, 달러를 팔 때는 매매기준율에서 수수료를 제하고 나머지를 받게 됩니다. 이처럼 매매기준율은 같아도 현찰 사실 때와 현찰 파실 때의 환율이 다르다는 점을 명심해야 합니다.

　비대면으로 원화계좌에서 외화계좌로 돈을 이체할 때도 마찬가지입니다. 직접 창구에서 환전하는 것보다는 저렴하지만 이 또한 환전수수료가 소요됩니다. 다만 일반적으로 전신환 환율이 실물 현찰 환전 시 적용되는 환율보다 저렴하므로, 달러통장을 보다 효율적으로 이용하고자 한다면 되도록 앱을 이용해 거래하는 것이 좋습니다.

2. 달러 RP

RP(Repurchase Agreement)란 '환매조건부채권'으로 쉽게 말해 금융기관이 일정 기간 후 확정금리를 보태어 되사는 조건으로 발행하는 채권을 뜻합니다. RP는 증권사가 일정 기간 후 재매수하는 조건으로 투자자에게 채권을 매도하고 만기 또는 중도환매 시 외화로 약정이율을 지급하는 외화표시 단기 금융상품입니다. 마치 은행에 달러 예금을 맡겨두는 것과 비슷합니다.

■ RP의 구조

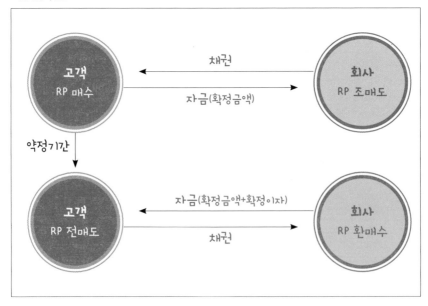

달러를 증권사에 일정 기간 맡겨두면 증권사가 알아서 이자를 챙겨주기 때문에 짧은 기간 운용하기에 좋은 상품입니다. RP는 고객에게 만기 때 원금과 더불어 약속된 확정이자를 지급해야 하므로 주로 매우 안정적인 국공채, 지방채, 통안채 및 우량 회사채를 담보로 삼아 안정적인 이자 수입을 추구합니다. 달러 RP는 보통 100달러 이상부터 매수가 가능하고, 주식처럼 영업일 오전 9시~오후 3시 30분까지 매매가 가능합니다.

투자기간에 따라 달러 RP는 수시형과 약정형으로 구분됩니다. 수시형 RP는 약정기간이 정해져 있지 않은 수시 입출금 상품으로 보통 약정형 RP보다 이자가 낮습니다. 약정형 RP는 약정기간이 존재하는 상품으로 약정기간에 따라 이율이 다르고 중도환매 시 만기 때보다 적은 이율이 적용됩니다. 투자기간이 짧고 언제 급전이 필요할지 모른다면 수시형 RP를 이용하는 것이 낫습니다. 은행 예금과 마찬가지로 투자기간이 길면 길수록 이율이 높아지기 때문에 장기적으로 투자하는 경우 약정형으로 매수하는 것이 유리합니다.

달러 RP 매수를 고려하고 있다면 약정이율만 보는 것이 아닌 반드시 환율도 함께 고려해야 합니다. 단순히 예금처럼 돈을 맡겨서 이자만 받겠다고 생각하는 건 오산입니다. 매수 시점과 매도 시점의 환율에 따라 약정이율 이상의 손실을 볼 수도 있기 때문입니다. RP를 매입하는 시점과 만기 때 환율이 같으리란 법은 없으므로, 살 때는 환율이 높았는데 만기 때 환율이 낮다면 원금 손실을 볼 수도 있습니다. 또한 증권사 RP는 우량한 채권을 담보로 하기 때문에 안정성이 높은 것은 사실이지만 채권의 한 형태이므로 예금자 보호가 적용되지 않습니다.

3. 달러 ETF

달러 ETF란 미국 달러 환율을 추종하는 인덱스펀드로, 환율이 오르면 오른 만큼 수익이 나고 환율이 떨어지면 떨어진 만큼 손실이 나는 수익 구조를 갖고 있는 상품입니다. 달러 환율의 변동에 따라 손익이 달라지므로 글로벌 경제 펀더멘털 변화에 예민하게 대응할 필요가 있습니다.

추종하는 기초지수가 같아도 환오픈(UH), 환헤지(H) 여부에 따라 수익률이 달라질 수 있어 이 부분에 대해서도 고민이 필요합니다. ETF 이름 뒤에 'UH'가 붙으면 환오픈 상품이고, 'H'가 붙으면 환헤지 상품입니다.

환헤지란 환율 하락기 때 환위험을 극복하기 위해 환율을 미리 고정해 두는 거래 방식을 말합니다. 투자자산의 가격 변동에만 수익률이 연동되기 때문에 환율 변동의 위험에서 벗어난 것이라고 이해하면 됩니다. 다만 환헤지 상품은 운용수수료가 다소 비싸다는 단점이 있습니다.

환오픈은 투자자산의 가격 변화와 함께 환율 변화도 수익률에 반영되는 방식을 말합니다. 환오픈은 시장 변동성이 강하고 달러가 강세일 때 활용하는 것이 유리합니다. 국내 경제가 불황이거나 외부적인 요인으로 환율 상승기라고 판단될 때는 환오픈을 선택하는 것이 좋습니다.

이 밖에 기초지수를 곱으로 추종하는 레버리지와 기초지수와 반대로 움직이는 인버스 ETF가 있지만, 이러한 상품은 기초지수가 등락을 거듭하거나 횡보할 때 손실이 커질 수 있어 확신이 없다면 투자하지 않는 것이 좋습니다. 인버스 상품의 경우 사실 그냥 원화만 가지고 있어도 그 자

■ 환헤지 vs. 환오픈

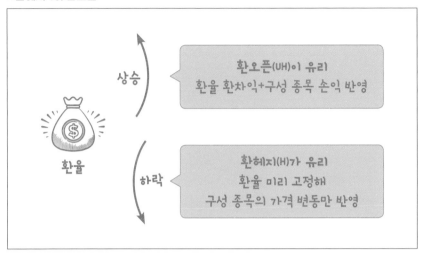

체로 인버스 역할을 하기 때문에 오히려 인버스 ETF에 투자해 더 잃을 수도 있다는 점을 명심해야 합니다.

달러 ETF는 주식과 마찬가지로 증권사 주식계좌로 거래가 가능합니다. 증권사 앱에서 '달러'라고 입력하면 'KODEX 미국달러선물' 'KOSEF 미국달러선물' 'TIGER 미국달러단기채권액티브' 등이 검색됩니다. ETF는 거래가 편리하고 실시간 매매가 가능해 사고 싶을 때 사고, 팔고 싶을 때 팔 수 있다는 장점이 있습니다. 또 상대적으로 기대수익률이 높으며, 국내상장 ETF의 경우 연금저축계좌나 IRP, ISA에서 투자가 가능하다는 장점이 있습니다. 0.25~0.75% 정도의 운용보수가 해마다 계속 빠져나간다는 단점은 있지만 환전 없이 매수가 가능하고 해외상장 ETF에 비해 운용보수가 저렴한 것은 분명합니다.

'KODEX 미국달러선물' 'KOSEF 미국달러선물'과 같이 통화에 직접적으로 투자하는 ETF의 경우 달러가 상승하면 수익을 얻고 하락하면 손실을 보는 구조입니다. 이러한 직접적인 방법 외에도 달러 가치 상승에 간접적으로 투자하는 방법이 있는데요. 바로 'TIGER 미국달러단기채권 액티브'와 같은 달러채권형 ETF에 투자하는 것입니다. 이 경우 환차익 외에도 채권 이자 수익, 이자율 변동에 따른 자본차익을 기대할 수 있습니다.

■ ■ ■

4. 미국 주식 또는 해외상장 달러 ETF

좀 더 액티한 방식으로 미국 주식 또는 해외상장 달러 ETF에 투자하는 방법이 있습니다. 높은 시세차익을 기대할 수 있고, 배당금이 지급되는 것은 분명한 장점입니다. 해외 직접투자를 위해서는 달러로 환전을 해야 합니다. 원달러 환율을 예의주시하며 되도록 원화가 강세일 때 매수할 필요가 있습니다. 반대로 원화가 강세일 때 매도하면 수익에 악영향을 미칠 수 있습니다.

증권사는 보통 원화로 매수증거금을 내고 거래 시 자동으로 외화로 환전해주는 서비스를 제공하고 있습니다. 환전수수료는 통상 0.2~1% 정도입니다. 또한 해외 주식에 대한 과세는 결제일 기준이므로 매도 시점을 잘 조율해야 합니다. 참고로 미국 주식 시장은 3영업일 뒤에 결제가 이뤄집니다.

미국 주식은 시세 제한이 없어 주가가 무한히 오르고 내릴 수 있습니다. 따라서 높은 기대수익률을 자랑하지만 반대로 그만큼 손실을 볼 수도 있습니다. 감당 가능한 선에서 투자하는 것이 중요합니다.

증권사 혹은 은행 앱에서 해외 주식 계좌 개설이 가능합니다. 은행에서 개설한 종합계좌를 보유한 경우 종합계좌 전환 메뉴에서 해외 주식을 등록하면 거래가 가능합니다. 해외 주식 주문 및 결제 절차는 다음과 같습니다.

1. 해외 주식 계좌 개설
2. 원화 입금
3. 실시간 환전
4. 매수주문 체결
5. 매수 주식 결제 입고(3영업일 소요)
6. 매도 후 환전 및 출금(매도대금 입금 3영업일 소요)

증권사를 거치지 않고 은행 계좌에 보유한 달러로 곧바로 투자하는 방법도 있습니다. 예를 들어 하나은행의 '하나 밀리언달러 통장'의 경우 증권사 이체 없이 삼성증권과 연계해 자체 은행 앱에서 투자가 가능합니다. 따로 환전 절차를 거치지 않고 기존 달러통장에 있던 달러로 곧바로 주식 매수가 가능하다는 장점이 있습니다. 환율이 낮을 때, 그리고 환율 우대가 가능할 때 틈틈이 모은 달러로 해외 주식을 매수하고 싶을 때 간편하게 매수할 수 있습니다.

하나은행 '하나 밀리언달러 통장'에 가입할 때 '해외 주식 계좌 동시 가입하기' 기능이 있는데, 해당 기능을 이용해 삼성증권 앱과 연계하면 미국 장이 열리는 시간에 하나은행 앱에서도 간편히 해외 주식을 거래할 수 있습니다. 이처럼 증권사 앱과 연계된 은행 외화통장이 종종 있으니 잘 찾아보고 활용하기 바랍니다.

해외 주식에 직접투자할 경우 양도소득세와 배당소득세를 감안해야 합니다. 해외 주식의 경우 매매차익이 250만 원이 넘어가면 양도소득세 22%를 내야 합니다(이듬해 5월 자진신고 및 납부). 양도소득세는 국내 결제일 기준 매년 1월 1일부터 12월 31일까지 발생한 양도차익 및 양도차손을 기준으로 계산합니다. 미국 주식의 경우 대부분 분기에 한 번씩 배당금을 지급하는데요. 이때 배당금에서 배당소득세 15%가 적용됩니다. 자동으로 배당소득세를 제한 금액이 입금되므로 따로 납입해야 하는 세금은 없습니다. 다만 연간 금융소득 2천만 원 이상일 경우 금융소득종합과세 대상이 될 수 있습니다.

· · ·

5. 미국 국채

환테크에는 달러를 현금으로 보유하는 방법도 있지만 달러로 표시된 미국 채권을 사는 방법도 있습니다. 미국 국채는 미국이라는 강대국이 채무를 책임지기 때문에 사실상 무위험자산이라고 볼 수 있습니다. 만기가 도래했을 때 설사 국고에 남은 돈이 한 푼도 없다 해도 달러를 마음껏 찍어낼 수 있는 미국이기에 시장에서 미국 국채는 '무위험'에 가깝다고 평가받습니다.

원화는 글로벌 경기 불황 등 투자 심리에 매우 민감하게 반응하는 반면, 달러는 경기가 불안할수록 수요가 급증해 가치가 올라가는 경향이 있습니다. 따라서 분산투자를 위해 위기에 강한 달러를 일정량 보유하는 것이 좋습니다. 또한 앞서 설명했듯이 주가와 채권은 반대로 움직이는 경향이 있어 리스크 헤지를 위해서라도 포트폴리오에 미국 채권을 일정 부분 담을 필요가 있습니다.

경기가 좋고 주식 시장이 활황기일 때는 안전자산에 대한 선호도가 떨어져 채권 가격이 많이 빠지는 모습을 보입니다. 반대로 경기가 나빠 기업들의 실적이 악화되면 주가가 하락하고 안전자산에 대한 선호도가 높아져 채권 가격은 상승합니다. 만일 주식 시장이 활황기일 때 리스크 헤지를 위해 미국 국채를 산다면, 주가가 내려갈 때 미국 국채는 오를 테니 위험자산의 손실을 줄일 수 있습니다.

미국의 채권 시장은 유동성이 풍부하고 거래량이 많아 빠른 매매가 가능하다는 장점이 있습니다. 국내 채권 시장보다 규모가 커 채권을 사고팔기 매우 용이합니다.

무엇보다 채권은 약정이자에 대해서만 소득세를 내고, 내가 처음 산 가격보다 비싸게 채권을 팔았을 경우 발생하는 차익에 대해서는 세금을 한 푼도 내지 않습니다.

다만 예금자 보호 대상이 아니며, 중도환매 시 시장금리 변동에 따라 원금 손실 가능성이 있습니다. 또 매수 시점에 따라 환율이 변동될 수 있어 결제 전 제시한 투자액과 수익률이 달라질 수 있습니다. 환율 변동에 의해 추가 수익이 발생할 가능성이 있으나 반대로 그만큼 손실 가능성이 있어 주의가 필요합니다. 비교적 정보가 풍부한 국내 채권 거래와 비교하면 미국 국채 투자는 접근성 면에서 떨어지는 것이 사실이고, 환위험에 노출될 수 있으며, 증권 시장 개장시간의 차이가 존재하는 등 몇몇 부분에서 어려움이 존재합니다.

미국 국채 직접투자는 증권사 앱에서 외화 채권을 검색해 손쉽게 진행 가능합니다. 물론 미국 회사채 매입도 가능합니다. 직접 매수하는 경우 간접투자가 아닌 직접투자이기 때문에 만기가 도래할 경우 큰 손실 없이 수익을 볼 수 있습니다. 미국 국채는 직접투자 시 환차익과 매매차익이 비과세이고, 최소 1천 달러(한화 약 130만 원)부터 주문이 가능하며, 환율 변동에 따라 수익이 달라질 수 있습니다. 또한 환전수수료가 소요되어 실질적인 수익률이 기대수익률보다 낮을 수 있습니다.

개인 투자자는 일반적으로 간접투자를 많이 선택합니다. 선택의 폭이 넓고, 매수가 쉽고, 소액으로도 가능하기 때문입니다. 국내상장 미국 국채 ETF를 매수하는 방법은 미국 주식을 매수하는 방법과 동일합니다. 10년물로는 'TIGER 미국채10년선물' 'KODEX 미국채10년선물' 등이 있고, 30년물로는 'ACE 미국30년국채액티브(H)' 'SOL 미국30년국채액티브(H)' 'ARIRANG 미국채30년액티브' 'KODEX 미국채울트라30년선물(H)' 등이 있습니다. 국내에 상장된 미국 국채 ETF의 경우 모두 선물 ETF이며 10년물과 30년물만 선택 가능합니다.

미국상장 미국 국채 ETF는 만기 범주에 따라 'SHV(초단기 1년 이하)'

'SHY(단기 1~3년)' 'IEF(중기 7~10년)' 'TLT(초장기 20년 이상)' 등이 있습니다.

참고로 채권 ETF는 간접투자 상품이기 때문에 만기가 따로 존재하지 않는다는 점, 그리고 매달 받는 이자(배당금)가 일정하지 않다는 점이 특징입니다.

연금보험이란 무엇인가?

　연금보험은 노후에 쓸 재원 마련을 위한 목적으로 운용되는 상품입니다. 은퇴 후 좀 더 여유로운 생활을 위해 매월 일정액의 보험료를 불입해 연금 형태로 받는 보험을 말합니다. 이름은 비슷하지만 연금보험은 연금저축보험과는 전혀 다른 상품입니다. 노후에 연금을 수령하는 상품인 것은 맞지만 보장과 성격이 다르기 때문에 헷갈려서 잘못 가입하면 낭패를 볼 수 있습니다.

　먼저 연금저축보험은 매달 정액형으로 돈을 불입하면 연말정산 또는 종합소득세 신고 시 세액공제 혜택이 제공되는 상품입니다. 소득에 따라 세액공제 혜택은 연간 600만 원까지 13.2% 또는 16.5%로 돌려받을 수

■ 연금저축보험 vs. 연금보험

구분	연금저축보험	연금보험
세액공제 혜택	1년간 낸 보험료의 13.2% 또는 16.5%	없음
연금 개시 후 세금	3.3~5.5%	없음
세제 혜택 요건 미충족 시	기타소득세 16.5% 발생	이자소득세 15.4% 발생
세금 혜택을 받기 위한 연금 개시 연령	만55세 이후	만45세 이후

있습니다. 총 급여 5,500만 원 또는 종합 소득금액 4,500만 원 초과라면 13.2%를, 그 이하라면 16.5%를 공제받을 수 있습니다. 납입기간은 최소 5년 이상이며 연금 개시는 만55세 이후 가능하고, 불입 가능액은 연간 1,800만 원(매월 150만 원)까지입니다. 연금을 납입하고 있는 동안에는 수익에 대해 세금을 한 푼도 안 내다가 연금 수령 시 낮은 세율로 연금소득세(3.3~5.5%)가 적용됩니다. 매월 보험료에서 사업비가 10% 내외로 공제되며, 공제 후 남은 금액에 대해 매월 변동된 공시이율이 적용됩니다. 단 금리가 하락해도 최저 공시이율은 보장됩니다. 중도해지 시 또는 만기에 연금이 아닌 일시불로 찾아갈 경우 기타소득세 16.5%를 납부해야 합니다. 기타소득세는 매년 납입액 중 세액공제를 받은 금액과 운용 중 발생한 수익에 적용됩니다. 그러니 연금저축보험에 납입하는 돈은 무조건 노후에 쓸 돈이라고 생각하고 가입해야 합니다.

연금보험은 연금저축보험과 상품의 본질 자체가 다르기 때문에 혼동

해선 안 됩니다. 상품명이 비슷하다 보니 실수로 가입하는 경우가 생각보다 많습니다.

연금보험은 저축성 보험으로 일시납 또는 월 적립식으로 불입 가능하고, 10년 이상 유지할 경우 수익에 대해 전액 비과세 혜택을 받을 수 있습니다. 연금저축보험과 달리 납입하는 과정에서는 세제 혜택이 전혀 없기 때문에 장기 저축성 보험의 성격을 지닙니다.

연금보험은 보험료 운용 방식에 따라 금리연동형 연금보험과 변액연금보험으로 구분됩니다. 두 상품의 공통점은 일시납의 경우 1억 원 이하의 금액을 10년 이상 유지하고, 적립식의 경우 월 150만 원 이하의 금액을 5년 이상 납입 및 10년 이상 유지할 경우 비과세 혜택이 적용됩니다. 최소 납입기간은 5년 이상이고, 연금 개시는 만45세부터 가능합니다.

차이점으로는 금리연동형 연금보험은 일정 기간 단위별로 변동하는 시장금리와 보험사의 운용수익률을 반영한 공시이율이 적용된다는 점입니다. 보험사에서 제시하는 공시이율은 보통 은행 적금 금리보다 1~2% 정도 높은 편입니다. 또한 공시이율 변동에 따라 수익률도 달라집니다. 최종 연금 개시 시점의 공시이율을 따라가는 것이 아닌 변동되는 공시이율의 누적 합산액으로 계산됩니다. 예를 들어 1월에 공시이율 4.5%가 적용되다가 6월에 5%, 12월에 5.5%로 인상되었다면 '1~5월 4.5%+6월 ~11월 5%+12월 5.5%…' 이런 식으로 공시이율이 각각 적용되어 합산한 이익을 수령합니다. 저축성 보험이기 때문에 주식 시장이 활황기일 때는 공시이율이 낮아 보일 수 있지만, 공시이율이 아무리 떨어져도 최저보증이율을 보장하기 때문에 일정 부분 수익률 방어가 가능하다는 장점은 있습니다.

공시이율은 불입하는 보험료에 온전히 적용되는 걸까요? 아닙니다. 보험사의 금융상품은 사업비라는 게 존재합니다. 매월 불입하는 보험료에서 사업비를 차감한 나머지 금액에 대해 공시이율이 적용된다고 보면 됩니다. 사업비는 보통 10% 내외인데요. 만약 매월 100만 원씩 납입했다면 사업이 10%를 제한 90만 원에만 공시이율이 적용된다고 이해하면 됩니다. 사업비를 차감한 적립금에 공시이율이 적용되므로 적어도 5년은 불입해야 원금 수준으로 회복되며, 납입기간이 길어질수록 원금 이상으로 수익률이 극대화되는 구조입니다. 10년을 유지하면 적립금을 한꺼번에 일시불로 찾든, 연금으로 나눠 받든 이익에 대해서는 세금을 한 푼도 떼지 않습니다.

그런데 만약 돈이 급하게 필요해 해지하게 되면 어떻게 될까요? 10년을 유지하지 못한 상태에서 중도해지한다면 비과세 혜택을 받을 수 없습니다. 즉 이익이 있다면 이익에 대해 이자소득세 15.4%를 납부해야 합니다. 별다른 페널티는 없지만 초기에 사업비가 많이 빠지고 연금 개시 시점이 다가올수록 사업비가 적게 빠지는 구조이다 보니 이른 시점에 중도해지할 경우 큰 손실이 발생할 수 있습니다.

대안이 없는 것은 아닙니다. 돈이 급하게 필요하다면 1년에 12회까지 해지환급금 범위 내에서 일부 중도인출이 가능합니다. 중도인출 시에도 비과세가 적용되므로 연금보험 계약을 장기간 유지하고 싶다면 해당 기능을 이용하는 것이 좋습니다. 상품에 따라 중도인출 시 인출수수료를 받는 경우도 있지만 따로 대출을 받는 것보다는 인출수수료를 납부하는 편이 낮습니다. 다만 중도인출을 하면 앞서 불입했던 금액부터 인출되기 때문에 중도인출 후 추가 납입을 통해 채워 넣더라도 수익률이 낮아질 수밖에 없습니다. 그러니 단기간에 돈을 갚을 수 있다면 중도인출보다는 연금보험을 담보로 대출을 받기 바랍니다. 담보대출은 대출 이자만 납부하면 따로 연금보험 수익률에 영향을 주지 않기 때문입니다.

연금보험의 수익을 극대화시키려면 추가 납입을 활용하는 게 좋습니다. 추가 납입액에 대해서는 사업비를 공제하지 않습니다. 만약 100만 원짜리로 가입하면 여기서 10% 내외로 사업비 차감 후 공시이율이 적용되지만, 50만 원짜리로 가입하고 50만 원을 추가 납입하면 50만 원에 대해서만 사업비 10% 내외로 차감되고 나머지 50만 원은 사업비가 차감되지 않습니다. 그러니 연금보험에 가입할 여윳돈이 있다 매달 불입하려던 금액의 절반 규모로 가입하고, 나머지 절반은 추가 납입하는 방식으로 운용하기 바랍니다. 또 이미 연금보험에 가입했는데 만약 공시이율이 은행 적금 이율보다 높다면 추가 적금보다는 가입한 연금보험에 추가 납입하는 것이 유리할 수 있습니다.

금리연동형 연금보험은 공시이율이 변동되는 상품임에도 불구하고 최저 공시이율이 얼마인지 제대로 확인하고 가입하는 사람은 그리 많지 않습니다. 왜 그럴까요? 보험설계사가 현재 적용되는 공시이율만을 주로 보여주기 때문입니다. 예상 환급금 역시 현재 적용되는 공시이율 기준으로 뽑아서 보여주기 때문에 최저 공시이율에 대해 알지 못하고 가입하는 경우가 꽤 많습니다. 반드시 최저 공시이율을 기준으로 예상 환급금을 조회해서 어느 정도 금액이 보장되는지 확인할 필요가 있습니다.

이전 직장에서 근무할 당시 지점장께서 IMF 외환위기 때 가입한 연금보험을 자랑하신 적이 있습니다. 가입 당시 공시이율은 20%에 달했고 최저 공시이율은 7%대가 넘었습니다. 이후 당연히 공시이율은 쭉 떨어졌지만 사업비를 제하더라도 최저 공시이율 자체가 굉장히 높았기 때문에 지점장은 완연한 미소를 지으며 끝까지 유지할 계획이라고 자랑했습니다. 이처럼 최저 공시이율은 굉장히 중요한 요인입니다. 지금 당장 공시이율이 높아도 현재의 상황은 언제든지 달라질 수 있습니다. 최악의 상황을 가정하고 최대한 최저 공시이율이 높은 상품에 가입해야 합니다.

변액연금보험은 금리연동형 연금보험과 구조가 조금 다릅니다. 납입하는 보험료 중에서 일부 사업비 등을 차감하고 남은 금액을 펀드에 투자해 펀드 운용실적에 따라 수익액이 달라집니다. 펀드 수익률에 따라 연금 수령액이 변동되다 보니 원금 보장이 어려울 수 있습니다.

예를 들어 변액연금보험에 100만 원을 불입한다고 가정해봅시다. 보험사에서 나온 펀드라고 하니 100만 원을 불입하면 100만 원 그대로 운용해 손익이 결정된다고 생각하기 쉽지만, 통상 10~20%가량 높은 사업비를 차감하고 굴러가는 구조입니다. 100만 원을 불입하면 실제 투자되는 액수는 80만~90만 원가량인 것입니다. 금리연동형 연금보험과 마찬가지로 납입 초기에는 사업비가 높다가 납입기간이 길어질수록 사업비가 현저하게 낮아지는 구조이다 보니 가입 초기에는 원금 손실이 큰 편입니다.

펀드는 크게 주식형, 채권형, 혼합형으로 나뉘며 주식형 펀드의 경우 적립금의 60% 이상을 주식에 투자하는 만큼 위험도가 높은 편입니다.

채권형 펀드의 경우 적립금의 60% 이상을 채권에 투자하는 만큼 위험도가 낮으며, 혼합형 펀드는 주식과 채권에 반반 투자해 위험도가 중간인 상품입니다. 상품에 따라 위험도와 기대수익률이 다르므로 가입할 때 본인의 투자성향에 맞는 펀드를 골라 가입하는 것이 기본입니다. 하지만 대개 투자에 대한 지식이 부족한 경우가 많다 보니 투자성향을 고려하기보다는 보험설계사가 권유하는 방향으로 가입하는 것이 일반적입니다.

보험사는 투자성향에 따라 15~40개 정도의 펀드를 분류해 가입을 권유합니다. 문제는 펀드를 효율적으로 운용하기 위해서는 경제 상황에 맞는 운영이 필요한데, 변액연금보험으로 가입하는 펀드의 모집금액 자체가 적은 편이다 보니 펀드 관리에 소홀해질 수 있다는 점입니다. 장기간 관리가 필요한 상품인데 운용상의 문제로 관리가 부실해지면 당연히 높은 수익률을 기대하기는 어렵습니다.

변액연금보험은 우리나라에 2001년에 들어왔습니다. 미국은 1990년대부터 시작되었는데 당시 미국의 주가가 우상향 곡선을 그리던 때여서 변액연금보험의 수익률이 높았고 상품에 대한 인식도 좋은 편이었습니다. 하지만 우리나라는 도입 후부터 지금까지 주가가 박스권에서 횡보하는 시간이 길었기에 초기에 출시된 변액연금보험의 수익률이 굉장히 낮았고, 그 결과 변액연금보험을 바라보는 시선 자체가 나빠졌습니다.

그럼 기존에 갖고 있던 변액연금보험이 있다면 해지하는 게 맞을까요? 오랫동안 불입한 상품이라 아까운 생각도 들고, 또 친구가 보험설계사라면 선뜻 해지하기가 어려울 것입니다. 하지만 그 자체로 부담이고 스트레스를 받는다면 지금이라도 손절해 다른 상품으로 갈아타는 것이 나을 수 있습니다. 물론 무조건 해지하기보다는 기대수익률을 점검해볼 필요가 있습니다. 이미 장기간 가입해 연금 수령 시기가 가까워지고 있다면 사업비가 적게 빠지는 시기이므로 유지하는 게 더 나을 수도 있고요.

가장 중요한 것은 내가 가입한 변액연금보험이 잘 굴러가고 있는지 점검해보는 일입니다. 생명보험협회(www.klia.or.kr)에서 상품별 과거 수익률을 볼 수 있는데요. 내가 가입한 상품의 성과가 물가상승률보다 높은지 확인해봅시다. 만약 10년간 연환산 수익률이 1.2%이고 물가상승률이 연 1.7%라면 물가상승률에 비해 운용수익률이 현저히 떨어진다고 볼 수 있습니다. 이처럼 내가 가입한 상품의 운용 상태를 점검해 해약 여부를 결정할 필요가 있습니다.

또한 내가 납입하는 보험료가 어떤 펀드에서 운용되고 있는지, 잘 굴러가고 있는지 틈틈이 확인해야 합니다. 변액연금보험에 가입하면 3개월에 한 번씩 성과에 대한 운용보고서가 문자, 이메일, 우편을 통해 날아옵니다. 운용보고서를 확인해도 잘 모르겠다면 보험사 콜센터 또는 보험설계사에게 설명을 요구하기 바랍니다. 보험료에서 차감되는 사업비 안에 상담료도 포함된 것이나 마찬가지니 꼭 적극적으로 물어보기 바랍니다.

수익률 제고를 위해서는 추가 납입 제도를 적극 활용해야 합니다. 월 납입 보험료의 200%까지 추가 납입이 가능합니다. 예를 들어 월 20만 원씩 연간 240만 원짜리 변액연금보험을 굴리고 있다면 한 해 480만 원까지 추가 납입이 가능합니다. 추가 납입액에 대해서는 사업비를 부과하지 않기 때문에 추가 납입액을 늘리면 수익률을 높일 수 있습니다. 다만 비과세 혜택은 연간 1,800만 원 한도로 적용되기 때문에 해당 한도를 벗어나지 않도록 주의해야 합니다.

그리고 오로지 연금을 탈 목적이라면 가입 시 보장성 특약을 최소화해야 합니다. 물론 특약의 도움을 받으면 보장되는 혜택이 늘어나지만 장기간 별도의 특약 비용이 소요되므로 수익률이 훼손될 수 있습니다. 기존에 가입한 변액연금보험에 불필요한 특약은 없는지 점검해보고 불필요한 특약이 있다면 별도로 해지가 가능합니다.

참고로 '최저연금 보증형' 상품은 예적금과 달리 예금자 보호 대상이 아니며 원금을 보장하지 않습니다. 성격이 예적금과 비슷해 자칫 오인하는 경우가 있는데 엄연히 보험상품입니다. 예를 들어 만약 7% 최저연금 보증 요건으로 가입했다면 '납입기간+거치기간'에 따라 조건이 상이할 수 있습니다.

1. 10년 미만: 5%

2. 10년 이상~15년 미만: 5.5%

3. 15년 이상~20년 미만: 6%

4. 20년 이상~25년 미만: 6.5%

5. 25년 이상: 7%

상기 예시처럼 거치기간이 길수록 최저보증이율이 늘어나는 구조일 수 있어 꼼꼼한 확인이 필요합니다. 주의할 점은 연금 개시기간 내내 7%가 적용되는 것이 아니란 점입니다. 납입기간과 거치기간을 합산해서 총 25년 이상을 유지할 경우 그때부터 7% 최저보증이율이 적용된다는 의

미입니다.

　또 어떤 상품은 5% 최저연금 보증형 상품이지만 자세히 보면 가입 후 20년 동안만 5%를 보증하고, 20년 이후부터 연금 지급 시점까지 4%를 적용하는 상품도 있습니다. 이처럼 최저보증이율만 보지 말고 납입기간, 거치기간 등 상세한 요건까지 뜯어보는 것이 좋습니다.

저축보험이란
무엇인가?

보험사, 은행에서 주력으로 판매되는 보험상품 중 하나가 바로 저축보험입니다. 왜 그럴까요? 우선 상품 자체에 '저축'이라는 말이 붙어 있어 순수한 저축상품이라고 착각하는 고객이 많고, 또 표면적으로 시중 예금 금리보다 높은 금리를 제공하는 것처럼 보여서 선뜻 가입하는 경우가 많기 때문입니다.

저축보험은 적금처럼 매달 불입해 목돈을 마련하는 적립식 저축보험이 있고, 예금처럼 일시로 목돈을 불입해 만기 시 한꺼번에 원금과 수익률을 돌려받는 거치식 저축보험이 있습니다. 거치식 저축보험은 다시 금리에 따라 수익률이 바뀌는 금리변동형 저축보험과 보험 계약 시 수익률이 확정되는 확정금리형 저축보험으로 구분됩니다. 금리변동형 저축보험의 경우 계약 시점보다 금리가 떨어지면 만기에 받는 이자 수익이 줄어드는 반면, 확정금리형 저축보험은 계약 시점에 이율이 확정되기 때문에 만기 때 받는 수익이 정해져 있다는 차이가 있습니다.

요즘처럼 고금리 시기에는 확정금리형 저축보험의 인기가 높은 편입니다. 금리 하락기가 찾아올 수 있으니 금리가 조금이라도 높을 때 이율을 확정하고자 하는 수요가 늘어납니다. 실제로 이 시기에 보험사며 은행이며 할 것 없이 시중은행 금리보다 높은 이율을 앞세워 확정금리형 저축보험 상품을 적극 판매하곤 합니다.

저축보험의 경우 보험사에서 판매하는 상품에는 '저축보험'이란 명칭이 붙지만, 상호금융권에서는 '저축공제'라는 용어로 판매되고 있습니다. 소비자 입장에서는 저축보험이라고 하면 그래도 '보험'이라고 생각할 여지가 있지만, 저축공제라고 하면 오인할 여지가 다분합니다.

상호금융권에서 판매되는 모든 보험상품은 보험이라는 말을 쓰지 않는 것이 특징입니다. 보험인지 모르고 가입했다가 발생할 수 있는 여러 문제점에 대해 살펴보겠습니다. 상호금융권에서 다음과 같은 홍보성 문자를 보냈다고 가정해봅시다.

○월 ○일 5년 만기 5.9% 고정금리 저축공제 상품이 출시됩니다(선착순 500억 원 한도). 고정금리 연 단위 5.9% 복리 부리하는 일시납 저축공제 상품. 중도 인출 기능으로 긴급 자금 필요 시 활용 가능. 1인당 5천만 원까지 예금자 보호 가능.

이 문자를 보면 공제라는 말이 무슨 말인지 몰라 순수한 저축상품으로 오해하기 쉽습니다. 시중은행 예금 금리보다 높은 고정금리를 더군다나 복리로 제공한다고 하면 귀가 솔깃하기 마련입니다. 기준금리 인상의 여파로 금리가 상승한 시점에서는 언제 금리가 떨어질지 모르기 때문에 더욱 솔깃할 수밖에 없습니다. 고정금리로 5년간 동일한 이율을 제공한다니 구미가 당깁니다. 중도인출 기능으로 중간에 돈도 뺄 수 있다고 하니 이보다 좋을 수 없습니다.

홍보성 문자의 내용이 잘못된 것은 아닙니다. 틀린 말은 하나도 없습니다. 그럼 대체 무엇이 문제라는 걸까요? 하나씩 파헤쳐봅시다.

먼저 고정금리 5.9%를 복리로 부리한다고 합니다. 여기서 5.9%는 우리가 생각하는 순수 예금의 이율일까요? 일반적인 예금 이율이라면 원금에 5.9%를 곱한 값만큼 세전 이자가 창출될 것입니다. 하지만 저축보험이든 저축공제든 보험상품이기 때문에 내가 내는 보험료에는 기본적으로 사업비와 사망보험금이 포함됩니다. 따라서 저축공제에 내가 납입하는 원금에서 사업비, 사망보험금을 제한 다음에 5.9% 고정금리를 계산해야 합니다. 원금에서 사업비, 사망보험금을 제하면 당연히 원금이 줄어듭니다. 산식은 다음과 같습니다.

(원금-사업비-사망보험금)×5.9%

원금이 줄어드니 이자에 이자가 붙는 연복리를 적용해도 순수 예금보다 실이익은 적을 수밖에 없습니다. 그럼 세금은 어떻게 될까요? 이자소득세 15.4%가 적용되지 않는 비과세 상품일까요? 아닙니다. 보험 계약 기간 10년 이상을 유지한다면 비과세 대상이지만 10년 미만인 저축보험은 수익에서 15.4%가 과세됩니다. 비과세 혜택 요건에 부합하지 않는다면 굳이 세금을 많이 떼면서 저축보험, 저축공제에 가입할 필요는 없습니다.

또 한 가지 문제점이 있습니다. 최근 예적금 이자 수령에 대해 많은 관심이 쏠리고 있는 이유는 금융소득종합과세 문제 때문입니다. 금융소득이 연간 정해진 금액의 범주를 벗어나면 많은 세금을 내야 하기 때문에 5년 만기 저축보험의 경우 5년 뒤 생길 금융소득을 전부 고려한 다음 가입 여부를 결정해야 합니다. 금융소득은 세전 이자로 합산해 계산하므로, 만기 시점에 각종 예적금과 배당금 등이 기준 범위를 벗어나진 않는지 점검해볼 필요가 있습니다. 다만 저축보험의 만기가 10년 이상일 경우 전액 비과세되어 금융소득에 포함되지 않습니다.

물론 확정금리형 저축보험의 경우 가입 후 금리 인하가 시작되면 상대적으로 수익률이 부각될 수 있어 무조건 나쁘다는 시각은 지양해야 합니다. 금리가 떨어질 것으로 예상된다면 원금에서 사업비와 사망보험금을 제하더라도 오히려 유리하게 작용할 수 있습니다. 예를 들어 5.9% 확정금리형 저축보험에 가입했고 그다음 해부터 만기 시점까지 지속적으로 금리가 떨어져서 3%대에 머물렀다면 순수 예금보다 수익률이 클 수밖에 없습니다. 반대로 추후 금리가 오를 가능성이 있거나 크게 떨어질 가능성이 적다면 매년 순수 예금 상품에 가입해 그 추이를 지켜보는 것도 나쁘지 않을 것입니다.

중도인출 기능도 다시 한번 고민해볼 필요가 있습니다. 보험 계약을 유지하는 도중에도 돈이 필요할 경우 인출 가능한 자금을 꺼내서 쓸 수 있어 편리하긴 하지만, 엄연히 대출이기 때문에 대출 이자가 발생합니다. 상품마다 다르지만 대부분 별도의 수수료가 없어 좋다고 생각하는 경우가 많은데요. 중도인출을 하면 만기 시 수익률도 훼손될 수 있습니다. 만기 시 수익률은 중도인출을 하지 않았을 때를 가정해 산출한 것이기 때문입니다. 또한 보험의 사업비는 초기에 많이 빠지다가 시간이 흐를수록 줄어드는 구조이므로, 가입기간 초반에 중도인출을 많이 하면 할수록 만기 시 받게 되는 수익 또한 현저히 줄어들게 됩니다.

확정금리형 저축보험 위주로 설명했지만 대체적으로 이렇게 나온 상품의 유형은 동일하다고 봐도 무방합니다. 만일 저축보험, 저축공제 등의 용어 때문에 헷갈린다면 직원에게 순수 예금 상품인지, 보험 상품인지 물어보기 바랍니다.

다시 한번 강조하지만 저축보험, 저축공제에는 사업비 외에 사망보험금이 포함되어 있어 원금에 이율이 붙는 것이 아닌, 사업비와 사망보험금을 제한 금액에 이율이 붙는 구조입니다. 오롯이 '저축'만을 고려하고 있어 사망보험의 필요성을 전혀 느끼지 못한다면 저축보험 가입은 신중히 확인하고 결정해야 합니다.

주의가 필요한 ELS, DLS

정기예금에 가입하고자 은행에 가면 창구에서 때때로 ELS를 권할 때가 있습니다. 정기예금보다 좀 더 금리가 높고 위험하지 않다며 상품에 대해 설명하는데, 워낙 수익구조가 복잡하다 보니 설명을 들어도 이해하기가 쉽지 않습니다. ELS뿐만 아니라 어떤 금융상품이든 구조와 리스크를 모른 채 수익이 높다는 직원의 말만 믿고 덜컥 가입하는 것은 지양해야 합니다.

그럼 ELS(Equity-Linked Securities)란 무엇일까요? ELS는 '주가연계증권'으로 기초자산을 정해놓고 만기까지 일정 조건을 충족하면 정해진 수익률을 지급하는 파생상품의 일종입니다. ELS의 기초자산은 기간에 따라 오르고 내리고를 반복하는데요. 기초자산이 정해진 구간 안에 들어오면 수익을 보고, 정해진 구간을 벗어나면 손해를 보는 구조입니다.

기초자산에 따라 ELS의 색깔은 크게 달라집니다. 기초자산은 2가지 형태로 나뉩니다. 하나는 주가지수고, 다른 하나는 개별 종목입니다. 알다시피 주가지수란 각국의 증권 시장에 상장된 수많은 기업의 주가 변동 상황을 종합적으로 나타내는 지표입니다. 수많은 기업의 주식을 일일이 보기 힘들어 만든 하나의 바로미터로 한국에 코스피200이 있다면 미국에는 S&P500, 일본에는 니케이225, 유럽에는 유로스톡스50, 홍콩에는 홍콩H가 있습니다.

ELS에 가입할 때 기초자산을 주가지수로 할지 개별 종목으로 할지 선택할 수 있는데요. 은행에서 주로 가입하는 기초자산은 '주가지수형'이 대부분입니다. 개별 종목은 변동성이 주가지수보다 상대적으로 높아서 대부분의 금융기관에서는 기초자산으로 주가지수를 권합니다. 더불어 기초자산이 되는 주가지수를 하나만 선택하지 않고 2가지 또는 3가지 선택하는 상품도 존재합니다. 예를 들어 기초자산이 홍콩H, 유로스톡스50, 니케이225라면 이 3가지 지수가 조건 구간 안에 모두 들어와야 수익을 볼 수 있습니다. 3가지 지수 중 단 하나라도 조건 구간 안에 들어오지 않으면 원금에서 손해를 보는 구조입니다.

ELS라고 해서 원금 비보장 상품만 있는 것은 아닙니다. 원금 보장형 상품도 존재하는데 주로 은행에서 계약기간 2년 정도로 판매하고 있습니다. 계약기간 2년 안에 정해진 수익 구간 안에 들어오면 원금과 정해진 이자를 주지만 그렇지 않으면 원금만 지급되는 상품입니다. 그러나 원금이 보장된다고 해도 2년 동안 이자 한 푼 못 받으니 결국 손해와 마찬가지입니다.

원금이 보장되지 않는 ELS 상품에 대해 좀 더 자세히 살펴보겠습니다. 원금 비보장 ELS 상품은 '녹인(Knock-In)'과 '노녹인(No Knock-In)'으로 이뤄집니다. 녹인이란 계약기간 안에 기초자산 중 하나라도 하한 배리어(원금 손실 한계선으로 통상 가입 당시 가격의 50%)까지 떨어질 경우 만기 시점에 특정 조건을 충족하지 못하면 원금 손실이 있는 형태를 의미합니다. 수익률이 높은 반면 원금 손실의 위험이 크다고 볼 수 있습니다. 노녹인은 하한 배리어가 없는 상품으로 계약기간 안에 기초자산이 반토막이 나더라도 만기 시 마지막 상환 조건만 도달하면 원금과 정해진 수익을 지급하는 형태를 의미합니다.

은행에서 가입하는 ELS의 90% 이상이 보통 3년 만기 '스텝다운형' ELS입니다. 스텝다운형은 1~6개월 사이 특정 주기를 정해두고 주기마다 기초자산의 가격을 평가해 수익률을 측정합니다. 예를 들어 6개월 주기로 6·12·18·24·30·36개월마다 기초자산의 가격을 측정해 기준가격 대비 90·90·85·80·75·70% 이상일 경우 수익률을 보장하는 스텝다운형 ELS가 있다고 가정해봅시다. 쉽게 말해 6개월마다 구간이 있는데 그 구간의 조건이 계단 형태로 낮아지면서 3년 만기 전까지 조건에 도달하면 수익을 주고, 도달하지 못하면 손실을 보는 구조입니다. 투자한 기초자산의 기준가를 100p라고 했을 때 6개월 종가 시점에 기초자산의 가격이 기준가 대비 90% 이상만 되면 원금과 수익을 지급하는 방식입니다. 도달하지 못하면 6개월 뒤로 이연해 12개월 종가 시점에 다시 90% 이상인지 측정합니다. 6·12·18·24·30·36개월마다 각각 90·90·85·80·75·70% 이상일 때 수익을 얻을 수 있기 때문에 36개월 종가 시점에는 70% 이상이어야 합니다.

만약 기초자산이 하나가 아닌 3가지라면 3가지 기초자산 모두 조건에 도달해야 원금과 수익을 지급합니다. 만약 이 셋의 기초자산 중 하나라도 조건에 도달하지 못하면 다시 6개월 뒤에 좀 더 낮은 기준으로 기회를 줍니다. 그렇게 시간이 흘러 3년 만기가 다가옴에도 기초자산이 구간 안에 도달하지 못했다면 이제 원금 손실을 걱정해야 합니다. 그럼 원금 손실 규모는 어느 정도일까요? 만기 종가 시점에 기초자산의 주가가 기준가 대비 50%라면 원금 손실도 50%가 됩니다.

어찌 보면 만기 3년까지 기회를 주는 셈이니 합리적으로 보이지만 경제 상황에 따라 워낙 변수가 많다 보니 손실을 보는 경우도 적지 않습니다. 만기 3년 시점에는 무조건 해지를 해야 하기 때문에 '수익' 아니면 '원금 손실' 둘 중 하나로 귀결되는 구조입니다. ELS는 정기예금보다 높은 수익을 기대할 수 있는 중수익 상품인 것은 맞지만, 고객의 의지가 아닌 예측할 수 없는 경제 상황에 자산을 맡기는 꼴이기 때문에 생각보다 큰 리스크가 내재된 상품입니다.

ELS는 예금 상품이 아닌 엄연히 투자 상품이기 때문에 주의가 필요합니다. 투자란 던질 투(投)에 재물 자(資), 말 그대로 재물을 던진다는 뜻을 갖고 있습니다. 수익을 볼 수도 있고 손해를 볼 수도 있다는 뜻입니다. 몇몇 은행에서 창구 직원이 ELS를 나라가 망하지 않는 한 손실이 나지 않는다는 식으로, 원금 손실 위험이 큰 고위험 상품을 마치 예금인 것처럼 두리뭉실하게 홍보하고 권유해 논란이 되기도 했는데요. 결코 현옥되어서는 안 됩니다. ELS는 관련 상품이 워낙 다양하고 수익구조가 복잡하기 때문에 제대로 공부하고 파악한 다음에 투자해야 합니다.

ELS는 기초자산이 많으면 많을수록 위험성이 높아집니다. 모든 기초자산이 수익 조건에 도달해야 하기 때문입니다. 다른 주가지수의 추이가 좋아도 어느 하나라도 조건에 도달하지 못하면 원금 손실을 보게 됩니다. 따라서 1개보다는 2개가 까다롭고, 2개보다는 3개가 까다롭습니다. 기초자산의 수가 많으면 많을수록 수익 조건에 도달할 확률이 떨어진다고 봐야 합니다.

또 고금리 상품일수록 위험률이 높습니다. 예를 들어 예금 금리가 3%인데 8% 수익을 볼 수 있는 ELS가 있다면 그만큼 위험도가 높다고 생각해야 합니다. 위험도가 높다는 것은 그만큼 손해도 클 수 있다는 뜻입니다. 너무 높은 고위험군 ELS보다는 예금 금리의 2배가 넘지 않는 수준에서 선택하는 것이 좋습니다.

증권사에서 발행한 ELS를 은행에서 판다는 것은 은행이 ELS를 팔아 중간에서 수수료를 챙긴다는 뜻입니다. 그래서 증권사에서 ELS에 가입하면 수수료가 좀 더 저렴합니다. 발행사인 증권사에 대해서도 자세히 살펴봐야 합니다. ELS의 가장 큰 단점은 예금자 보호 대상이 아니라는 점입니다. 예를 들어 ELS 상품설명서에 'ㅇㅇ증권(a+)' 혹은 'ㅇㅇ증권(aa)' 혹은 'ㅇㅇ증권(aa+)' 이렇게 적혀 있다면 비교적 안전한 신용등급을 지닌 발행사임을 알 수 있습니다. 발행사의 신용등급이 낮다면 위험도가 커질 수 있어 주의해야 합니다. 만약 발행사가 파산할 경우 예금자 보호 대상이 아니기에 원금을 돌려받을 수 없습니다.

ELS는 단기가 아닌 장기투자 상품이란 점도 명심해야 합니다. 6개월 단위로 조기상환이 가능한 조건이 있어도 조건을 충족하지 못하면 6개월 뒤로 밀려나는 것이기 때문에 만기 3년까지 돈이 묶일 수 있습니다. 예를 들어 투자금이 5천만 원이라면 5천만 원 전부를 ELS 하나에 불입해선 안 됩니다. 차라리 1천만 원씩 5개 ELS에 분산하는 것이 낫습니다. 최장 만기까지 돈이 묶일 수 있으니 여러 상품에 나눠서 가입해야 하며, 되도록 3년까지 없어도 괜찮은 여윳돈으로 투자하길 권합니다.

참고로 ELS는 비과세 상품이 아닙니다. 과세 상품이기 때문에 수익이 나면 15.4%를 떼고 수령하게 됩니다.

이번에는 DLS, DLF에 대해 살펴보겠습니다. DLS도 원금 손실 가능성이 있어 ELS만큼 잘 알아보고 투자해야 하는 상품입니다. 다음은 〈한국경제〉 2019년 8월 19일 기사입니다.

DLS 투자자 3,600여 명의 1인당 평균 투자액은 약 2억 원이며 이 상품의 지표금리가 현재 수준을 유지한다고 가정할 경우 원금의 절반 이상을 까먹을 것으로 추정됐다. 특히 독일 국채 10년물 금리에 연동된 DLS에 돈을 넣은 투자자는 2억 원의 원금 가운데 1천만 원 정도만 겨우 건질 것으로 전망됐다.

DLS는 수년 전 대규모 원금 손실로 논란이 된 상품입니다. 1억 원을 투자해 원금 전액을 날리고 단돈 190만 원만 손에 쥔 투자자도 많았습니다. 이번에는 은행에서 판매한 DLS, DLF가 어떤 상품인지 알아보고 수익구조와 과거 대규모 손실을 본 원인에 대해 살펴보겠습니다.

은행은 자체 예금 상품도 판매하지만 증권사에서 판매하는 원금 손실형 상품도 일정 부분 수수료를 받고 판매하고 있습니다. 은행에 대한 일반적인 인식은 돈을 '안전'하게 맡아준다는 것입니다. 은행만 믿고 DLS에 투자했다 큰 손실을 본 투자자들은 이구동성 은행에 대한 배신감을 토로했습니다. 물론 DLS가 항상 손실로 이어지는 것은 아닙니다. 일이 잘 풀리면 예금 이자 이상의 이윤을 얻을 수 있는 좋은 상품이지만, 반대의 상황에선 큰 낭패를 볼 수 있어 주의가 필요합니다.

DLS란 '금리연계 파생결합증권'을 뜻합니다. 그리고 이 DLS에 투자하는 펀드를 DLF라고 합니다. 간단히 예를 들면 이렇습니다. 영화를 제작하기 위해 제작사에서 투자자를 모은다고 가정해봅시다. 투자금은 최소 1억 원 이상입니다. 제작사는 앞으로 나올 영화가 명작이고 출연하는 배우도 인기가 많다고 선전합니다. 영화 개봉 후 한 달이 지난 시점에 관객 50만 명을 돌파하면 수익률 5%를 보장하고, 도달하지 못하면 다시 두 달이 지난 시점에 80만 명을 돌파할 경우 수익률 10%를 보장한다는 조건입니다. 그리고 최종적으로 3개월이 지난 시점에 무조건 관객 100만 명을 넘어야 20%를 준다고 약속합니다. 3개월이 되는 시점까지 조건을 달성하지 못하면 미달된 수만큼 손실을 봅니다.

복잡한 조건에 투자자들은 잠시 망설입니다. 하지만 워낙 기대수익률이 높고 제작사에서 큰 자신감을 보이고 있어 결국 투자를 결심합니다. 그런데 개봉 후 생각보다 영화가 인기를 끌지 못합니다. 아니나 다를까 한 달이 지난 시점에 약속된 50만 명을 채우지 못합니다. 두 달 뒤에도 80만 명에 도달하지 못합니다. 시간이 흐를수록 투자자들은 불안해집니다. 3개월이 지나자 우려가 현실이 됩니다. 영화는 망했고, 투자자들은 결국 원금 1억 원을 날리고 사은품으로 받은 190만 원어치의 영화표만 손에 쥐게 됩니다.

예시와 같이 DLS, DLF는 1억 원 이상의 고액만 유치하는 일종의 사모펀드입니다. 투자자가 모이면 투자금을 바탕으로 영화가 만들어지는데 이 영화가 바로 DLS, DLF의 기초자산이 됩니다. 기초자산은 공포영화일 수도, 로맨스 영화일수도 있습니다. 환율, 금, 은, 구리, 신용위험 등 그만큼 기초자산의 종류는 다양합니다.

영화가 개봉하기 전까지 흥행 여부는 아무도 알 수 없습니다. 제작사는 기간과 관객 수를 조건으로 제시하며 수익 지급을 약속합니다. 그리고 조건에 도달하지 못하면 투자자는 원금을 잃게 됩니다. 전부 잃는 것은 아니고, 수익을 보든 손해를 보든 투자자는 투자액의 2%에 달하는 쿠폰을 받습니다.

과거 대규모 원금 손실로 논란이 되었던 DLS, DLF 중 99%가 은행에서 판매된 DLF였습니다. 해외 금리와 연계해 금리 수준에 따라 손실 규모가 결정되는 상품이었는데요. 미국과 영국 CMS금리와 독일 국채 10년물 금리를 기초자산으로 삼은 상품이 특히 큰 문제가 되었습니다.

하나는 미국과 영국의 CMS금리를 기초자산으로 삼아 만기 평가 시 두 기초자산이 모두 55% 이상인 경우 수익을 지급하는 상품이었습니다. 만기 평가 시 두 기초자산 중 하나라도 0%에 도달하면 원금 전액을 잃는 구조였기에 위험성이 상당했습니다. 해당 상품에 투자한 투자자들의 손실률은 56%에 달했습니다. 원금이 반토막이 난 셈입니다.

독일 국채 10년물 금리를 기초자산으로 삼은 DLS는 만기 평가 시 독일 국채 10년물 금리가 −0.25% 이상이면 수익을 보장하는 상품이었습니다. −0.25% 아래로 떨어질 경우 손실률이 적용되고 −0.4%에 도달할 경우 원금 전액을 잃는 구조였습니다. 문제는 독일 국채 10년물 금리가 −0.7%가량까지 하락하면서 벌어졌습니다. 투자자들은 원금을 한 푼도 건지지 못하고 쿠폰 2%인 190만 원만 손에 쥐게 되었습니다.

미중 무역전쟁, 영국의 브렉시트 사태 등 글로벌 경제 상황이 급변하면서 DLS, DLF 투자자들이 직격탄을 맞은 것입니다. 문제는 이처럼 원금 전액을 잃을 수 있는 '초고위험' 상품이지만 따져보면 대단한 수익률이 아니라는 점입니다. 언제든 이름만 바꿔서 이와 비슷한 상품이 나타날 수 있습니다. 상품의 수익구조와 손실 범위, 과거의 사례 등을 잘 참고해서 부디 이러한 피해를 입는 일이 없기를 바랍니다.

PART 4

대출 없는 부자는 없다

중소기업에 다니는 박 팀장은 '빚'이라면 이골이 난 사람입니다. 학자금 대출을 받아 어렵게 대학을 다닌 박 팀장. 비좁은 바늘구멍을 뚫고 취업에 성공했지만 학자금 대출을 상환하느라 팍팍한 삶을 살아야 했습니다. 빤한 사회초년생 월급으로 생활비며 각종 공과금을 내고 학자금 대출까지 상환하는 것은 쉬운 일이 아니었습니다. 학자금 대출에서 벗어난 다음에도 자취를 시작하면서 전세보증금 대출과 각종 소액 대출이 그녀의 앞길을 가로막았습니다. 일자리를 얻어 홀로서기를 시작한 순간, 아이러니하게도 '빚의 늪'에 빠져버린 것입니다. 박 팀장은 자신의 삶을 옭아매고 있는 이 지긋지긋한 대출에서 벗어나고 싶었습니다. 그런데 결혼을 앞둔 현재, 예비신랑은 신혼집 마련을 위해 또다시 빚을 지자고 권유합니다. 혹자는 대출을 잘 활용하면 레버리지 효과로 빠르게 자산을 불릴 수 있다고 합니다. 그러나 이미 10여 년간 빚과 싸우며 지칠 대로 지친 박 팀장은 또 이렇게 빚을 지는 게 맞나 고민이 깊어집니다.

금리인하요구권 활용하기

    2022~2023년 하루가 다르게 기준금리가 오르면서 대출 금리가 큰 폭으로 상승했습니다. 대출 금리와 함께 이자 부담이 늘면서 가계부채 증가로 한국 사회는 몸살을 앓고 있습니다. 특히 한국 경제의 미래 동력이라 할 수 있는 2030세대가 빚더미에 신음하고 있는 상황입니다. 서울회생법원이 집계한 개인회생신청 현황에 따르면 2023년 개인회생신청자 중 30세 미만 청년의 비중은 15.2%였습니다. 2020년 대비 약 5%p 급등한 값으로, 40대의 개인회생신청 비중이 2021년 29.9% 대비 2023년 27.9%로 2%p 하락한 것과 비교하면 대조적인 결과입니다.

    만약 대출 금리 3%로 3억 원을 대출해 30년간 원리금균등상환 방식으로 상환한다고 가정해봅시다. 이 경우 매달 126만 원을 납부해야 합니다. 그런데 6%로 대출 금리가 인상되면 갚아야 할 돈은 매달 179만 원으로 훌쩍 뜁니다. 매월 갚아야 할 돈이 무려 53만 원이나 오른 것입니다. 당장 대출을 상환할 수도 없는 노릇이고, 그렇다고 대출을 갈아타기도 쉽지 않습니다.

그럼 이자 부담을 줄일 방법은 전혀 없는 걸까요? 이런 시기에 필요한 것이 바로 '금리인하요구권'입니다. 금리인하요구권이란 대출을 이용하는 고객이 대출을 받은 뒤 본인의 신용 상태가 개선되었다면 금융기관에 금리 인하를 요구할 수 있는 권리를 말합니다.

은행에서 대출을 받으면 '대출거래약정'이라는 것은 진행합니다. 약정 당시 우리의 신용 상태, 채무상환 능력, 거래 실적 등을 고려해 대출 금리를 적용받는데요. 시간이 흐르면 신용 상태, 채무상환 능력, 거래 실적 등에 변동이 생기기 마련입니다. 대출을 받은 다음 취직에 성공하거나, 이직에 성공해 연소득이 높아지거나, 신용점수가 비약적으로 상승하거나, 자산이 증가하는 등 여러 변수가 존재하겠죠. 이에 해당할 경우 관련 증빙자료만 준비하면 금융기관에 대출 금리를 인하해달라고 요청할 수 있습니다.

금리인하요구권을 청구하면 보통 영업일 기준 10일 이내에 수용 여부를 통지받게 됩니다. 금융사는 정당한 사유 없이 고객의 금리인하요구권을 거절하거나 지연할 수 없습니다. 만약 신용 상태 개선이 발생할 경우 신청 횟수, 신청 시점과 상관없이 금리 인하를 요구할 수 있습니다. 또 반드시 은행에만 금리 인하를 요구할 수 있는 것이 아니라, 제2금융권이나 카드 대출 등에서도 활용 가능합니다.

　다만 신용 상태 개선이 확인되지 않거나 개선이 되었음에도 금리 산정에 영향을 주지 않는다면 거절은 가능합니다. 금융사는 고객의 금리인하요구권에 불응할 경우 '금리 인하가 가능할 정도로 신용등급이 상승하지 않음' '신용등급 변동 없음' 등으로 안내합니다.

　대출자의 신용 상태가 금리에 영향을 주지 않는 비대상 대출상품을 제외하고는 모든 상품에 금리인하요구권을 청구할 수 있습니다. 다시 말해 은행의 신용평가 시스템에 따라 금리가 차등 적용되는 대출에 한해 모두 가능합니다. 순수고정금리 대출, 적격대출, 공무원 대출, 학자금 대출, 중도금 대출, 잔금 대출 등은 비대상 상품입니다.

　금리인하요구권을 발동하는 과정은 간단합니다. 은행 사이트 또는 앱에서 '금리인하요구권'이라고 검색하면 간편하게 신청 가능합니다. 대출상담 창구 또는 콜센터를 통해서도 신청 가능하니 문의해보기 바랍니다. 소득 증가에 따른 신청은 스크래핑 방식으로 자동으로 조회가 가능하니 별도의 서류 없이 신청 가능합니다. 다만 은행마다 조금씩 기준이 달라서 재직증명서, 건강보험자격득실확인서 등 증빙자료를 요구하기도 합니다.

나의 신용점수는
몇 점일까?

나의 신용점수는 몇 점일까요? 이 질문에 대답이 바로 가능한 사람이 얼마나 될까요? 아마 몇 점인지 모르는 경우가 태반일 것입니다. 금리인 하요구권을 통해 대출 금리를 인하하는 방법도 있지만, 애초부터 신용점 수를 잘 관리해 낮은 금리로 대출을 받는다면 이자 부담을 상당 부분 덜 수 있습니다. 그렇다면 신용점수는 몇 점이어야 양호하다고 판단할 수 있 을까요?

신용점수는 1점에서 1천 점까지 평가됩니다. 과거에는 1등급(최고)에 서 10등급(최저)까지 신용등급제로 개인의 신용을 평가했는데요. 일반적 으로 1~4등급은 부실화 가능성이 낮은 우량 등급, 7~10등급은 부실화

■ 개인 신용점수 구간

신용등급	NICE평가정보	KCB
1등급	900~1천 점	942~1천 점
2등급	870~899점	891~941점
3등급	840~869점	832~890점
4등급	805~839점	768~831점
5등급	750~804점	698~767점
6등급	665~749점	630~697점
7등급	600~664점	530~629점
8등급	515~599점	454~529점
9등급	445~514점	335~453점
10등급	0~444점	0~334점

위험이 높은 비우량 등급으로 간주했습니다. 신용등급을 점수제로 바꾼 이유는 이른바 '문턱 효과' 때문이었습니다. 약간의 신용도 차이로도 대출 여부가 갈리다 보니, 예를 들어 신용등급 6등급 상위권자와 5등급 하위권자는 신용도 면에서 큰 차이가 없음에도 6등급 상위권자가 대출 등에서 불이익을 받는 일이 발생했습니다. 이를 방지하기 위해 기존의 신용등급을 1천 점으로 세분화한 것입니다. 점수가 세분화되면서 개인에게 맞게 좀 더 세세한 대출심사가 가능해졌다고 보면 됩니다.

개인의 신용점수를 평가하는 두 기관(NICE평가정보, KCB)의 기준이 조

■ 기관별 개인 신용점수 평가 기준 및 비중

평가 기준	상세 내용	NICE평가정보	KCB
상환 이력	현재 연체 및 과거 상환 이력	28.4%	21%
부채 수준	채무 부담 정보	24.5%	24%
신용 거래 기간	신용카드 등 최초, 최근 개설일로부터 기간	12.3%	9%
신용 거래 형태	신용카드, 체크카드 이용 정보	27.5%	38%
비금융 신용정보	국민연금, 건강보험료 성실 납부 실적 등	7.3%	8%

금 다른데요. 우리가 흔히 알고 있는 신용등급 1등급에 해당하는 점수는 900점(NICE평가정보), 942점(KCB) 이상입니다. 현재는 신용등급으로 평가하지 않지만 4등급까지는 그나마 우량 등급에 해당하며, 4등급 이후부터 8등급까지는 신용점수에 좀 더 신경을 써야 하는 중저신용자라 할 수 있습니다.

기관에 따라 신용점수가 다른 이유는 회사별로 중요하게 평가하는 항목이 다르기 때문입니다. 예를 들어 신용점수를 산정할 때 NICE평가정보는 상환 이력에 큰 비중을 두는 한편, KCB는 신용 거래 형태에 큰 비중을 두고 있습니다. 그래서 연체 경험이 있다면 NICE평가정보의 신용점수가 낮게 책정될 가능성이 높고, 할부와 현금 서비스 등을 지나치게 많이 이용했다면 KCB의 신용점수가 낮게 책정될 수 있습니다.

흔히 신용점수를 확인해보는 것만으로도 신용점수가 하락한다고 오해하는데요. 그렇지 않습니다. 신용점수를 파악한다고 해서 신용점수가 깎이는 일은 없습니다. 오히려 현재 나의 신용점수를 정확히 파악하고 어떻게 잘 관리하느냐가 중요하기 때문에 수시로 조회하고 점검하는 것이 좋습니다.

신용점수는 대출 관련 앱 또는 주거래은행의 앱에서 쉽게 조회 가능합니다. 만일 신용점수가 생각보다 낮다면 신용점수를 곧바로 올릴 수 있는 방법이 있습니다. 나이스지키미(www.credit.co.kr) 등 개인신용평가사에 접속해 각종 공과금을 6개월 이상 연체 없이 성실히 납부했음을 인증하면 손쉽게 신용점수를 관리할 수 있습니다. 건강보험 납부내역, 국민연금 납부내역, 소득금액증명원, 통신비 납부내역 등 증빙자료를 제출하면 가점이 부여됩니다. 최근 3개월 이내, 6개월 이상의 연속된 납부내역이 포함되면 높은 가점이 부여되니 참고 바랍니다. 참고로 증빙서류 제출은 방문 제출, 우편, 팩스로도 가능합니다.

신용점수를 올리기 위해서는 결국 일상에서의 꾸준한 관리 중요합니다. 다음의 6가지 방법을 권합니다.

■ ■ ■

1. 신용카드 한도액 조절

신용카드 한도를 꽉 채워 사용하면 오히려 신용점수를 떨어뜨릴 수 있습니다. 예를 들어 신용카드 한도액이 300만 원인데 300만 원을 꽉 채워서 쓸 경우 신용점수를 평가하는 기관에서 '어, 돈이 부족해서 다 썼네?'

라고 판단할 수 있습니다. 만약 한도가 500만 원인데 300만 원을 썼다면 동일하게 300만 원을 썼지만 '한도는 충분한데 적당히 잘 소비하고 있네?'라고 판단한다는 것입니다. 따라서 신용카드의 사용 한도를 높이고 50% 정도만 쓴다면 신용점수 관리에 도움이 됩니다.

■ ■ ■

2. 체크카드 사용하기

체크카드를 꾸준히 사용하는 것이 좋습니다. 예를 들어 매달 30만 원 이상 6~12개월 꾸준히 사용한다면 4점에서 40점까지 가점을 받을 수 있습니다. 보통 카드사에서도 30만 원 정도를 실적 기준으로 잡기 때문에 해당 금액 이상으로 꾸준히 이용하는 것을 권합니다.

■ ■ ■

3. 카드론, 현금서비스 피하기

급하게 돈이 필요하다고 해서 카드론이나 현금서비스를 이용하는 것은 금물입니다. 그보다 보험약관대출이나 예적금을 담보로 단기 대출을 받는 것이 좋습니다. 물론 한두 번 카드론이나 현금서비스를 이용한다고 신용점수에 큰 영향을 주는 것은 아닙니다. 하지만 자주 사용하면 소위 '돌려막기'로 판단해 신용점수가 떨어질 수 있습니다.

...

4. 소득 대비 부채 기준 설정하기

가령 월소득이 300만 원인데 대출 상환이나 신용카드 사용액이 매달 600만 원이 넘어간다면 소득 대비 부채비율이 상당히 높다고 판단되므로 신용점수의 하락 요인으로 작용할 수 있습니다. 나름의 소득 대비 부채 기준을 설정해서 일정 수준을 넘지 않도록 관리해야 합니다.

...

5. 정기 결제 청구 하나로 모으기

카드 결제대금, 통신비, 건강보험료 등 정기적으로 나가는 돈은 되도록 주거래은행 입출금통장에서 알아서 빠져나가도록 자동 이체 서비스를 이용하는 것이 좋습니다. 액수가 적다고 이곳저곳으로 분산하면 단기간 소액일지라도 연체가 누적되어 신용점수 하락을 초래할 수 있습니다.

...

6. 대출 만기일보다 빨리 갚기

만일 기존에 다른 대출이 있다면 대출 만기일 이전에 중도상환을 한다면 가점을 얻을 수 있습니다.

신용대출을
잘 받기 위한 전략

　은행에서 대출을 받는 방법은 2가지가 있습니다. 하나는 아파트, 빌라, 토지 등 담보를 제공해 돈을 빌리는 담보대출이고, 다른 하나는 나의 소득이나 직업 등을 고려해 신용을 바탕으로 돈을 빌리는 신용대출입니다. 대출 금리는 보통 담보대출보다 신용대출이 더 높은 편입니다. 이유는 간단합니다. 담보를 제공한 대출은 빌려간 돈을 갚지 못해도 저당이 잡힌 것이나 다름없으니 리스크가 작지만, 신용대출은 담보 없이 개인의 신용만을 고려해 돈을 준 것이기 때문입니다.

　흥미로운 점은 신용대출의 경우 고액 연봉자일지라도 연체 이력이 다수 발견되면 대출이 거절되는 반면, 연체 없이 돈을 잘 갚았다면 연봉이 낮아도 대출이 가능하다는 것입니다. 그만큼 대출심사에서 가장 중요한 요인은 대출자의 '성실함'입니다. 은행 입장에서는 이 사람이 잘 갚을 수 있는 사람인지 아닌지가 가장 중요합니다. 다시 말해 연체 없이 정상적으로 회수가 가능한지를 중점적으로 보는 것이죠.

그래서 신용대출에서 가장 중요한 것은 대출자의 신용점수입니다. 신용점수에 따라 제1금융권에서 받을 수도 있고, 점수가 조금 부족해 제2금융권에서 받을 수도 있고, 제2금융권에서도 불가하면 카드사, 대부업 등을 이용해야 합니다. 결국 신용점수는 사회생활에 있어 내 얼굴이자 명함과도 같은 역할을 합니다. 사회생활의 가장 기본이라 할 수 있는 '신용'을 수치화한 것이기 때문입니다.

신용평가 방식은 정확한 산정 방식이 공개되어 있지 않습니다. 다만 통용되는 기준은 존재합니다. 채무건수가 과다한지, 단기간 신용 거래 및 대출을 집중적으로 요청했는지, 소득 대비 채무액이 과도한지 등이 반영됩니다. 그럼 신용점수는 어떻게 관리해야 할까요? 신용점수를 제고하고 싶다면 다음의 2가지부터 관리해야 합니다.

...

1. 기존 대출 관리

대출심사에서 유심히 보는 부분은 그 사람의 과거 연체내역입니다. 얼마나 잘 갚을 수 있는 사람인지 판단하기 위해서입니다. 하루이틀 연체된 내역도 신용점수에 악영향을 미칠까요? 그렇지는 않습니다. 신용점수에 영향을 주는 연체 기준에만 부합하지 않는다면 괜찮습니다.

신용점수에 영향을 미치는 연체 기준은 은행 영업일 기준 5영업일 이상, 연체액 10만 원 이상인 것으로 알려져 있습니다. 소액의 대출 이자를 하루이틀 정도 늦게 납부한다고 해서 신용점수를 깎아먹는 일은 없으니 안심해도 됩니다. 다만 소액 단기 연체가 누적되면 은행 입장에서 좋지 않은 내부 평가를 내릴 수 있기 때문에 가급적 제때 납부하는 것이 좋습니다.

장기 연체내역이 이미 잡혀 있는 상태라면 지금부터라도 신용 회복을 위해 노력해야 합니다. 다행히 연체 정보가 평생 꼬리표처럼 따라다니는 것은 아닙니다. 「신용정보의 이용 및 보호에 관한 법률」에 따라 최장 5년간만 따라다닙니다. 90일 미만의 연체 정보는 상환일로부터 3년간만 따라다니기 때문에 시간이 조금 걸릴 뿐 신용점수 회복이 아예 불가능한 것은 아닙니다.

. . .

2. 신용카드 관리

요즘 들어 신용카드 '리볼빙' 서비스를 권장하는 광고를 자주 접하곤 합니다. 카드사 측으로부터 홍보 문자나 전화가 오기도 하고요. '일부결제금액이월약정'이라고도 불리는 리볼빙 서비스는 약정된 결제일에 최소 결제금액만 결제하고 나머지 대금은 대출로 이전하는 회전결제 방식을 뜻합니다. 예를 들어 최소 결제금액이 10%라면 100만 원 중 10%인

10만 원만 결제하고 나머지 90만 원을 그다음 달로 이월시키는 것을 말합니다. 물론 이월 처리 시 추가로 수수료가 발생합니다.

카드 리볼빙을 약정하고 이용한다고 해서 신용점수가 곧바로 떨어지는 것은 아닙니다. 하지만 리볼빙을 과도하게 사용하면 신용카드의 한도 대비 사용률이 현저하게 높아지면서 신용점수에 악영향을 미칠 수 있습니다. 리볼빙의 결제 비율이 높다면, 예를 들어 최소 결제금액 수준이 아닌 80%를 미리 결제하고 나머지 20%를 이월시킨다면 신용점수 하락에 영향을 미치지 않습니다. 오히려 신용카드 결제대금을 연체하면 신용점수가 깎일 수 있으니 이번 달에 너무 힘들다면 리볼빙을 적절히 이용하는 것도 한 방법입니다.

중요한 것은 한도 대비 사용률입니다. 예를 들어 신용카드가 5개가 있는데 전체 사용 한도가 5천만 원이라면 2,500만 원 이하로 쓰는 것이 신용점수 관리에 유리합니다. 한도 대비 사용률이 과도하게 높으면 신용점수에 악영향을 줄 수 있습니다. 참고로 신용카드 개수는 신용점수와 무관합니다. 신용카드를 몇 개 가지고 있느냐가 아니라 전체 신용카드 한도 내에서 얼마나 적절하게 이용했느냐가 중요합니다.

가장 중요한 것은 카드론, 현금서비스를 이용하지 않는 것입니다. 살다 보면 빌릴 데가 마땅치 않아 카드론이나 현금서비스를 이용하는 경우가 있습니다. 이때는 신용점수 하락을 감안해야 합니다. 그나마 신용점수가 덜 깎이는 방법 중 하나는 카드론, 현금서비스 등을 여러 카드사가 아닌 한 카드사에서 이용하는 것입니다. 왜냐하면 대출 거래 기관이 늘어날수록 심용점수가 낮아지기 때문입니다.

신용카드 연체가 위험하다고 해서 체크카드만 사용하는 것도 피해야 합니다. 소득 대비 체크카드 사용액이 많다면 그만큼 신용 거래내력이 부족하다고 판단해 신용점수가 낮아질 수 있습니다.

신용대출 중 가장 많이 쓰이는 상품이 '마이너스통장'입니다. 이번에는 마이너스통장의 개념과 한도를 늘리는 방법, DSR에 대해 알아보겠습니다. 마이너스통장은 대출 한도 내에서 자유롭게 인출하고 여유자금이 생기면 아무 때나 입금해서 갚을 수 있는 대출 제도를 말합니다. 수시로 대출금을 갚을 수 있기 때문에 그만큼 이자 부담이 줄어든다는 장점이 있습니다.

신용대출과 마이너스통장은 금융기관에서 제공하는 대출이라는 공통점이 있지만 크게 3가지 영역에서 차이가 있습니다. 우선 신용대출은 대출심사 후 한 번에 금액 전체에 대해 대출이 승인되는 반면, 마이너스통장은 입출금통장에 보유하고 있던 금액 이상으로 자유롭게 돈을 뺄 수 있는 서비스입니다. 한도 내에서라면 추가 대출심사 없이 반복해서 돈을 빌리고 갚을 수 있습니다. 또 신용대출은 만기일시상환과 분할상환 2가지 방법으로 상환이 가능합니다. 한편 마이너스통장은 설정한 대출 한도 내에서 자유롭게 돈을 갚을 수 있고 중도상환수수료도 붙지 않습니다. 마지막으로 대출 이자의 경우 신용대출은 약정 시 정해진 이자율을 적용하는 반면, 마이너스통장은 빌린 금액과 기간에 대해서만 이자를 지급하면 됩니다.

마이너스통장은 한 번 개설하면 없애기 힘든 상품으로 악명이 자자합

▪ 신용대출과 마이너스통장의 차이점

구분	신용대출	마이너스통장
이용방법	대출심사 승인 후 한 번에 전액 대출	통장 대출 한도 내에서 필요할 때 바로 인출
상환방법	정해진 기한 내 만기일시 또는 분할상환	중도상환수수료 없이 언제든 상환 가능
대출 이자	약정 시 정해진 이자율 적용	이용금액, 기간에 대해서만 이자 부담

니다. 필자의 한 지인은 10년 전에 마이너스통장을 개설했는데요. 올해 만기라며 연장이 가능한지 알아봐야겠다는 말을 하더라고요. 마이너스통장은 이자가 비싼 편이지만 그만큼 사용하기 편리하다 보니 장기간 이용하는 고객이 많은 상품입니다.

신용대출이다 보니 개설이 쉽지 않아 약정기간까지 끝까지 채워서 쓰는 경우가 많은데요. 소득 없이는 대출심사를 통과하기 어려우며, 신고 소득과 신용점수에 따라 한도액과 대출 금리가 결정됩니다. 신고 소득의 경우 직장인은 최소 6개월 증빙자료가 필요하며, 개인사업자는 직전년도 소득금액증명원에 기재된 소득금액이 필요합니다.

신용점수가 좋으면 보통 소득의 2배 또는 2배 가까운 금액으로 한도를 설정할 수 있습니다. 다만 신용대출 한도가 너무 크게 잡히면 다른 대출 심사에 악영향을 미칠 수 있으니 주의가 필요합니다. 타 금융기관에서 받은 신용대출, 현금서비스, 카드론 등을 모두 차감한 뒤에 대출 한도를 계산하기 때문에 쓰지 않고 약정만 해둔 마이너스통장이 있다면 되도록 정리하는 것이 좋습니다.

다른 금융기관에서 받은 대출이 대출 한도에 영향을 미치는 이유는 대출심사에서 'DSR'이 활용되기 때문입니다. '총부채원리금상환비율'이라고도 불리는 DSR은 쉽게 말해 소득에서 원리금 상환 비중을 따져서 무리한 대출을 억제하는 정부의 대출 규제를 말합니다. 산식은 다음과 같습니다.

DSR=모든 대출의 연간 원리금 상환액÷연소득×100

'모든 대출'에는 신용대출도 포함되기 때문에 현금서비스, 카드론, 자동차 관련 대출 등이 있고 원리금 상환액 규모가 크다면 불리하게 작용할 수 있습니다. DSR 상한은 통상 40%입니다. 따라서 신용점수가 아무리 좋아도 DSR이 높으면 신규 신용대출이 막히거나 한도가 줄어들 수 있기 때문에 되도록 자잘한 대출부터 먼저 정리할 필요가 있습니다.

간혹 신용대출을 받을 때 주거래은행만을 고집하는 경우가 있는데요. 꼭 주거래은행이라고 해서 대출심사에 유리한 것은 아닙니다. 목표 실적을 중요시하는 제1금융권의 특성상 이미 이룬 게 많은 기존 고객보다는 신규 고객을 보다 우대할 수 있기 때문입니다. 물론 거래 실적이 풍부하다면 대출 금리 인하에 유리하게 작용하기 때문에 당연히 주거래은행에서 먼저 상담을 받고, 그다음에 다른 은행을 돌아다니며 유불리를 따져야 합니다. 신용대출은 손품과 발품을 많이 팔수록 대출 금리가 낮아진다는 점을 명심해야 합니다. 최근에는 은행에 갈 필요 없이 비대면으로 빠른

심사가 가능하기 때문에 여러 은행과 상담하며 조건을 비교하는 것이 좋습니다. 또한 '전국은행연합회 소비자포털(portal.kfb.or.kr)'과 '금융상품한눈에'를 통해 신용대출 금리를 은행별로 비교할 수 있습니다.

간혹 추가적으로 거래 실적을 채우면 대출 금리를 할인해주겠다고 유인하는 경우도 있습니다. 이 경우 조건이 까다롭지 않다면 되도록 거래 실적을 채우는 것이 좋습니다. 거래 실적 조건을 보면 그리 어렵지 않습니다. 예를 들어 신용카드를 만들면 대출 금리를 0.2%p 인하하는 조건이 있다고 가정해봅시다. 3천만 원 신용대출 연 이자 0.2%는 6만 원에 달합니다. 신용카드 연회비를 제하고도 손해 보는 장사는 아닙니다. 이 밖에 자동이체나 공과금 이체는 그다지 어려운 조건이 아니니 기분 좋게 혜택을 누릴 수 있습니다.

대출 금리가 상승해 가계부채가 누적되는 시기에는 변동금리로 대출받은 서민들의 시름이 깊어지기 마련입니다. 대출 금리를 조금이라도 낮추기 위해서는 '대출 갈아타기'를 단행해야 하는데, 막상 은행에 방문하면 몇 시간씩 기다리기 일쑤고 들이는 노고에 비해 금리 차이도 큰 것 같지 않아 주저하는 경우가 많습니다. 이러한 서민들의 고충을 덜어주고자 최근 정부는 대출을 쉽게 갈아탈 수 있도록 '대환대출 플랫폼'을 가동했습니다.

대환대출이란 금융기관에서 신규로 대출을 받아 이전의 대출금이나 연체금을 갚는 제도로, 기존에 보유하고 있던 대출에서 더 이상적인 조건을 가진 신규 대출로 전환하는 서비스를 말합니다. 대환대출 플랫폼은 스마트폰 앱을 통해 기존의 대출에서 보다 유리한 조건의 상품으로 손쉽게 이전할 수 있는 대환 서비스로, 금융위원회가 구축해 2023년 5월 31일 출시되었습니다.

대환의 문턱이 낮아지면서 은행들은 새로운 고객을 확보하고 기존 고객의 이탈을 막기 위해 대출 금리를 낮추고, 좋은 조건의 대환대출 전용 상품을 출시하고 있는 상황입니다. 타행 고객을 유인하기 위한 금융기관 간 경쟁이 심화되면서 향후 대출 금리 인하에 크게 기여할 것으로 보입니다.

참고로 저소득층이거나 신용등급이 많이 낮다면 서민금융진흥원 대출을 이용하기 바랍니다. 복잡한 절차 없이 생활비, 긴급자금, 창업자금 등을 위한 대출을 신청할 수 있습니다.

나에게 유리한 대출 상환 방식은?

　대출신청서를 작성할 때 가장 눈여겨봐야 할 부분은 '상환 방식'입니다. 대출 금리가 동일하더라도 상환 방식에 따라 대출자가 부담해야 할 이자가 달라지기 때문입니다. 방식에 따라 초기에 갚아야 할 상환액 규모가 커질 수도, 작아질 수도 있습니다. 초기에 적게 내다가 시간이 지남에 따라 납입액이 점점 늘어나는 방식도 있고, 대출기간 동안 이자만 내다가 만기에 일시에 갚는 방법도 있습니다. 대출 상담 과정에서 상세히 설명해주지만 사실 들어도 이해가 가지 않을 때가 많습니다.

　상환 방식이 중요한 이유는 돈을 빌리는 것만큼 앞으로 어떻게 갚느냐도 중요하기 때문입니다. 자신의 상황에 맞게 유불리를 잘 따져서 상환

■ 원금 상환 방식

원금균등상환
매달 원금을 균등하게 납부하고, 이자는 점차 줄어드는 방법

원리금균등상환
매달 원금+이자를 균등하게 납부하는 방법

만기일시상환
대출기간 이자만 납부하고
원금은 만기에 일시로 납부하는 방법

체증식상환
초기 상환액은 적고 점점 상환액이 증가하는 방법

방식을 선택해야 후회가 없습니다. 대출이 한 번 실행되면 중간에 상환 방식을 변경하기가 쉽지 않기 때문에 사전에 면밀히 은행 직원과 소통해서 선택해야 합니다.

중요한 것은 쪼들리지 않는 선에서 원금과 이자를 갚아나가는 것입니다. 이자 부담을 좀 더 줄이겠다고 무리하면 생활고에 시달릴 수 있습니다. 지금부터 소개할 4가지 대출 상환 방식을 상세히 살펴보고 장단점을 비교해보기 바랍니다.

1. 원금균등상환

원금을 대출기간에 맞게 균일하게 나눈 다음, 남은 잔액에 대출 금리가 적용되는 상환 방식입니다. 특히 전체 대출 이자를 최대한 조금 내고 싶은 사람에게 유리하다고 볼 수 있습니다. 납입 원금은 가입 시부터 만기까지 동일하게 똑같이 분할해 납부하기 때문에 초반에 이자를 많이 내는 구조라고 볼 수 있습니다. 매달 대출 잔액이 줄어들기 때문에 시간이 경과할수록 이자도 점점 줄어듭니다.

원금균등상환 방식은 대출 초반에 납부해야 할 총액이 많다 보니 부담스러울 수 있다는 단점이 있지만, 시간이 흐를수록 이자 부담이 줄어든다는 장점이 있습니다. 장기적으로 보면 여러 상환 방식 중 가장 적은 이자를 낸다고 볼 수 있습니다. 수입이 많은 편이어서 초반에 납부하는 돈이 크게 신경 쓰일 정도가 아니라면 괜찮은 방법입니다.

2. 원리금균등상환

원리금을 균등하게 분할해 상환하는 방식입니다. 이 방식은 초기 상환액이 부담스러운 대출자에게 유리하다고 볼 수 있습니다. 만기까지 총 불입할 '원금+이자'를 균등하게 나눠서 매달 일정한 금액을 갚아나가는 방식으로, 만기가 다가올수록 이자가 줄어드는 방식입니다. 원리금균등상환은 원금균등상환에 비해 이자가 좀 더 많이 발생하는 것은 사실이지만, 매달 동일한 금액으로 상환하다 보니 자금관리 측면에서 효율성이 좋습니다. 즉 계획적인 자금 운영이 가능하다는 장점이 있습니다.

대출 규모가 크다면 원리금균등상환 방식이 살림살이를 유지하는 데 있어 부담이 적다고 볼 수 있습니다. 대출 금리가 낮은 시기에는 원리금균등상환 방식을 선택해 나머지 여윳돈으로 주식, 펀드 등에 투자해 굴리는 것도 한 방법입니다. 하지만 대출 금리가 높을 때는 대출 이자보다 높은 수익률을 만들기 어렵기 때문에 이자 부담이 덜한 원금균등상환 방식이 유리합니다.

■ ■ ■

3. 만기일시상환

말 그대로 대출기간 이자만 쭉 내다가 만기 시점에 원금을 한꺼번에 갚는 방식입니다. 대출기간 동안 원금을 갚지 않아도 되기 때문에 부담이 적다는 장점이 있지만, 만기에 목돈으로 한꺼번에 갚아야 하는 부담이 있습니다. 주택담보대출의 경우 해당 방법은 은행에서 선호하는 방식은 아닙니다. 경제 상황이 안 좋아져서 주택 가격이 하락하면 회수해야 할 돈이 줄어들 수 있기 때문입니다. 따라서 주택담보대출의 경우 대부분 원금을 분할해 상환하는 방식을 주로 권하는 편입니다.

신용대출, 전세보증금 대출의 경우 만기에 한꺼번에 상환하는 만기일시상환 방식을 택하기도 하는데요. 이 경우 만기가 돌아오면 채무자의 신용점수나 거래 실적을 다시 평가해 만기일을 연장해주기 때문에 만기 시에도 부담이 덜하다는 장점이 있습니다. 또 전세보증금 대출의 경우에도 대출기간 이자만 내다가 집주인이 전세보증금을 돌려주면 그때 원금을 일시에 상환할 수 있기 때문에 부담 없이 이용하기 좋은 방식에 해당합니다.

■ ■ ■

4. 체증식상환

시간이 지남에 따라 납입액이 점점 늘어나는 방식으로, 주로 초기에 소득이 적고 나이가 들면서 소득이 많아지는 젊은 층에게 유리한 방식입니다. 보금자리론, 디딤돌대출의 경우 조건에 부합하면 체증식상환 방식을 선택할 수 있습니다.

대출 이자를 줄이고 싶다면

대출 이자를 줄이는 가장 직관적인 방법은 대출 원금을 빨리 갚는 것입니다. 하지만 대출기간 중에 원금을 갚으면 '중도상환수수료'가 발생하기 때문에 원금 상환에 부담을 느끼는 경우가 많습니다. 중도상환수수료가 발생하는 이유는 만기일 전에 대출금을 모두 갚으면 은행 입장에서는 비용에 대한 손해를 보게 되기 때문입니다. 법에 따라 부과는 금지되고 있으나 대출일 기준 3년 내 상환 시 예외적으로 부과가 가능합니다. 3년이란 기간 안에 원금을 모두 갚으면 잔여기간을 계산해 중도상환수수료를 청구하는 것입니다.

통상 중도상환수수료가 발생하는 기준은 3년이기 때문에 그 기간이 끝난 시점에서는 중간에 얼마를 갚든 비용이 발생하지 않습니다. 3년은 일종의 약정기간입니다. 예를 들어 잘 쓰던 핸드폰의 약정기간이 지나면 우리는 어떻게 하나요? 약정기간을 채웠으니 어떤 핸드폰으로 바꿀지 고민하게 됩니다. 이처럼 대출도 3년의 약정기간이 있고, 해당 기간이 지나면 다른 은행으로 갈아타도 문제는 없습니다.

그럼 무조건 갈아타는 게 좋을까요? 아닙니다. 먼저 해당 은행에 방문해서 기존 대출 금리를 낮추려면 어떻게 해야 하는지 대출담당자와 상담을 받기 바랍니다. 만약 실적이 낮다면 좀 더 채워서 대출 금리를 낮출 수 있는지, 대출 약정 시점보다 현재 신용점수가 상향되었다면 대출 금리 인하가 가능한지 등을 타진해야 합니다.

그럼에도 대출 금리에 변동이 없다면 이때부터는 우직하게 여윳돈이 생기는 대로 대출 원금을 갚아나가는 것이 좋습니다. 약정한 대로만 원금을 갚는 게 아니라 여윳돈이 생길 때마다 추가로 상환한다면 자연스럽게 납부하는 이자도 줄어들게 됩니다. 이때 세금을 제한 예적금의 실이자와 대출 이자를 비교해 대출 이자가 높을 때만 대출 원금을 갚아야 합니다. 만약 1년간 총 내야 할 대출 이자가 50만 원이고, 세금을 제한 예금의 실이자가 60만 원이라면 당장 대출 원금을 갚기보다는 예금에 가입하는 게 더 나을 것입니다. 단돈 10만 원이라도 더 받을 수 있기 때문입니다.

간혹 중도상환수수료를 걱정해 목돈이 생겨도 대출금 상환을 꺼리는 경우가 있습니다. 필자는 주택담보대출을 받은 지 1년도 채 되지 않아 퇴사하면서 받은 퇴직금으로 원금을 전부 갚은 경험이 있습니다. 중도상환수수료만 200만 원이 넘을 정도로 큰 금액이었지만 대출을 유지해 이자를 내는 것보다 유리하다는 판단이 들어 흔쾌히 상환을 완료했습니다.

　그럼 중도상환수수료는 어떻게 계산하는 걸까요? 통상적으로 원금의 0.5~2% 사이라고 보면 됩니다. 과거에는 중도상환수수료를 계산할 때 3년 이내에 갚으면 무조건 원금의 2% 수준으로 내야 했는데요. 중도상환수수료를 물리는 기준이 너무 불합리하다는 의견이 반영되어 제1금융권의 경우 2018년 10월부터 중도상환수수료율을 인하했습니다. 기존 대비 0.8%p 정도 인하했고 상환 시 잔여기간을 적용해 중도상환수수료율을 달리 적용하게 되었습니다. 산식은 다음과 같습니다.

중도상환수수료=중도상환금×중도상환수수료율×잔여일수÷대출기간(일)

　중도상환수수료율은 남은 대출기간에 따라 달라지므로 은행에 문의하거나 앱을 통해 조회해 확인해야 합니다.

　예를 들어 5년 만기로 1억 원의 주택담보대출을 받았다고 가정해봅시다. 1년이 지난 시점에 중도상환하는 경우 산식은 다음과 같습니다. 중도상환수수료율은 1.2%입니다.

1억 원×1.2%×730일÷1,095일=80만 원

　만기는 5년이지만 3년이 지나면 중도상환수수료가 면제되기 때문에 대출기간과 잔여일수는 3년(1,095일)을 기준으로 계산합니다.

　이처럼 중도상환수수료는 잔여기간이 반영되기 때문에 만기까지 얼마

남지 않은 상황에서는 생각보다 액수가 크지 않을 수 있습니다. 만기를 앞두고 있다면 혹은 앞으로 부담해야 할 이자가 큰 상황이라면 중도상환을 하는 것이 보다 유리할 수 있습니다.

3년이 지나 중도상환수수료는 발생하지 않는데 조기에 상환할 여윳돈이 없다면 어떻게 해야 할까요? 이자를 낮추고 싶다면 대환대출을 알아볼 필요가 있습니다. 기존 대출을 다른 은행 대출로 갈아타는 대환대출을 통해 이자 부담을 줄일 수 있습니다. 다만 중도상환수수료가 없는 시점에서 대출을 갈아타면 다시 새로운 대출을 시작하는 것이기 때문에 향후 추가로 대출 가능한 한도가 줄어들 수 있습니다. 또 매월 상환액이 늘어날 수 있어 유불리를 잘 따져봐야 합니다.

주택담보대출, 현명하게 이용하기

주택담보대출을 받아야 한다면 공공기관이 운영하는 대출 '맛집'을 이용하는 것이 유리합니다. 음식점 중에는 맛집이라 불리며 꾸준한 사랑을 받는 곳이 더러 있습니다. 소문난 가게인 만큼 맛에서 실패할 걱정은 없지만 줄을 서서 기다리거나 좀 더 멀리 찾아가야 하는 노력이 필요합니다. 마찬가지로 주택담보대출도 맛집처럼 최소한의 맛을 보장하는, 그러니까 상대적으로 이율이 좋은 대출상품을 내놓는 곳이 있습니다. 바로 공공기관인 한국주택금융공사입니다. 한국주택금융공사가 운영하는 보금자리론, 디딤돌대출, 적격대출, 전세보증금 대출 등이 대표적인 '정부 대출'입니다.

이러한 대출은 요건이 조금 까다롭긴 하지만 대출 금리가 인상되는 시점에도 고정금리로 쭉 이어갈 수 있기 때문에 안정적이며, 기존 금융권의 주택담보대출 금리와 비교했을 때 1~2%p 이상 차이가 나기도 합니다. 따라서 대출 조건에만 부합한다면 금융기관의 대출보다 정부 대출을 받는 것이 매우 유리하다고 볼 수 있습니다.

금융감독원의 '금융상품한눈에'를 이용하면 정부 대출의 종류와 조건, 한도 등을 한눈에 확인할 수 있습니다.

$$\bullet\ \bullet\ \bullet$$

1. 보금자리론

특례보금자리론은 최근 가장 많은 관심을 받고 있는 주택담보대출 상품입니다. 변동·혼합 금리 주택담보대출을 고정금리로 갈아탈 수 있게 한 '안심전환대출'과 주택 구입자를 대상으로 한 '적격대출'을 보금자리론에 통합한 상품입니다. 여러모로 장점이 많았으나 아쉽게도 2024년 1월 29일 공급이 마무리되었고, 30일부터 다시 보금자리론을 공급하고 있습니다. 주택 가격 6억 원 이하를 대상으로 대출 한도는 3억 6천만 원이며, 중도상환수수료는 시중은행의 절반 수준으로 적용됩니다. 참고로 전세사기 피해자의 경우 우대 기준을 적용해 소득에 제한을 두지 않고 있습니다.

・・・

2. 디딤돌대출

세대 전원이 무주택자, 저소득자에 대해 주택 구입 시 저렴한 금리로 대출을 제공해 내 집 마련 부담을 완화하고 주거생활의 안정을 도모할 수 있도록 지원해주는 상품입니다. 대상은 연소득 6천만 원 이하(생애최초, 신혼부부, 다자녀가구는 연소득 7천만 원 이하), 순자산가액 5억 600만 원 이하, 무주택 세대주여야 합니다. 주택 가격 5억 원 이하, 전용면적 85m² 이하를 대상으로 대출 한도는 일반 가구의 경우 최대 2억 5천만 원입니다(생애최초 3억 원, 신혼부부 4억 원, 2자녀 이상 3억 1천만 원). LTV는 70%가 적용됩니다. 자격이 된다면 무조건 디딤돌대출부터 알아보는 게 좋습니다. 대출 금리가 제일 낮은 편에 속하며, 우대금리까지 포함하면 1~2%대 대출이 가능합니다.

・・・

3. 적격대출

적격대출은 정부가 서민들의 내 집 마련과 가계부채 개선을 위해 내놓은 장기 고정금리 주택담보대출을 말합니다. 자격은 민법상 만19세 이상인 자, 담보제공자가 본인·배우자·직계존비속인 자, 세대주와 새대원 모두 무주택인 자만 가능합니다. 한도는 담보주택당 최대 5억 원이며, LTV는 70%, DTI 60%가 적용됩니다(생애최초는 LTV 80%). 상품은 변동금리인 적격대출 기본형과 고정금리인 금리고정형 적격대출로 구분됩니다.

. . .

4. 전세보증금 대출

한국주택금융공사의 보증서를 담보로 취급되는 대출입니다. 주택도시기금의 '버팀목전세자금 대출'과는 별도의 상품입니다. 가입 기준에 따라 일반전세, 특례전세, 협약전세 등으로 나뉩니다. 일반전세의 경우 보증비율은 대출금액의 90%이며, 조건은 다음과 같습니다.

1. 임차보증금이 7억 원(서울, 경기, 인천 외 소재 가구는 5억 원) 이하일 것
2. 임차보증금의 5% 이상을 지급한 세대주일 것
3. 본인과 배우자(예정자 포함) 합산 1주택 이내일 것
4. 본인과 배우자(예정자 포함)가 가격 3억 원을 초과하는 투기지역·투기과열지구 내 소재 아파트의 소유권을 취득하지 않을 것
5. 보증대상목적물이 노인복지주택인 경우 「노인복지법」에서 정하는 입소자일 것

'무주택 청년' 특례전세의 경우 1억 원 이하로 이용 시 채무상환 능력별 보증 한도가 적용되지 않으며, 보증 비율은 대출금액의 100%입니다. 최대 한도는 2억 원입니다. 조건은 다음과 같습니다.

1. 신청일 기준 만34세 이하 무주택자

2. 본인과 배우자 합산 연소득 7천만 원 이하

이 밖에 다양한 상품이 있으니 자세한 건 '금융상품한눈에'에서 확인
바랍니다.

• • •

5. 버팀목전세자금 대출

주택도시기금에서 운영하는 대출로 한도는 수도권 1억 2천만 원 이내,
수도권 외 지역은 8천만 원 이내입니다(임차보증금의 최대 80%). 부부의 경
우 연소득 합산 5천만 원 이하(신혼부부, 다자녀가구는 연소득 6천만 원 이하),
순자산가액 3억 6,100만 원 이하만 가능하며, 무주택 세대주여야 합니
다. 대출기간은 2년이며 2년 단위로 4회 연장 가능합니다.

• • •

6. 1주택자 전세자금 대출

1주택자 전세자금 대출은 보증기관인 한국주택금융공사, 주택도시보
증공사, 서울보증보험에서 보증하는 대출로, 말 그대로 1주택자를 위한
전세보증금 대출입니다. 조건은 현재 보유한 주택이 규제지역에 해당되
지 않고, 공시가격 9억 원 이하이고, 가구 총소득이 세전 1억 원 이하이

며, 특별한 사유(이직, 교육, 부모 봉양 등)에 해당하거나 1주택 소재지와 다른 지역에서 전세 주택을 얻을 때, 그리고 가구의 모든 세대원이 전세 주택을 실거주 목적으로 얻을 때 이용 가능합니다. 부부 소득 합산 1억 원초과, 보유 주택 가격 9억 원 초과일 경우에도 보증이 가능합니다. 대출한도는 한국주택금융공사의 경우 최대 2억 원, 주택도시보증공사의 경우 최대 4억 원, 서울보증보험의 경우 최대 3억 원입니다.

개인 사정으로 정부 대출이 불가하다면 최대한 발품을 팔아 여러 금융기관에서 상담을 받아야 합니다. 대출 상담은 다음의 3가지 방법으로 진행 가능합니다. 가능하다면 3가지 방법 모두 이용해보는 것을 추천합니다. 발품을 많이 팔수록 선택의 폭이 넓어지기 때문입니다.

첫 번째 방법은 영업점 방문입니다. 증빙서류를 준비해 가까운 은행에 가면 대부계 직원과 예약해 상담한 다음 대출심사를 진행합니다. 두 번째 방법은 비대면 온라인 상담입니다. 대출 가능 한도와 적용받을 수 있는 금리 등을 모두 비대면으로 상담 가능합니다. 마지막 방법은 대출상담사를 통한 상담입니다. 주로 공인중개사와 연결된 대출상담사를 통해 상담이 가능한데요. 은행 직원과 별반 다르지는 않습니다. 왜냐하면 대출상담사가 심사서류를 은행에 갖다 주기 때문에 결국 은행에서 상담을 받는 것과 동일합니다. 대출상담사의 수수료를 은행이 대신 내주면서 고객을 모객하는 영업 방식이라고 보면 됩니다.

다른 뾰족한 수가 없다면 '제3자 담보대출'을 이용하는 것도 좋은 방법일 수 있습니다. 제3자 담보대출이란 담보주택의 명의자와 대출의 차주가 다른 제3자인 경우 유효한 대출을 뜻합니다. 본인이 담보주택을 소유하고 있음에도 채무자가 되지 못하는 경우 제3자 담보대출, 즉 본인이 담보 제공자가 되고 다른 사람을 채무자로 세울 수 있습니다. 물론 모든 금융기관에서 가능한 것은 아닙니다. 주로 보험사 또는 상호금융권에서 특별한 조건 없이 이용 가능합니다.

제3자 담보대출은 어떤 경우에 유리할까요? 먼저 채무자가 부채를 상환할 능력은 있지만 담보할 것이 없어 금리가 높은 신용상품을 활용해야 한다면 제3자 담보대출이 매력적일 수 있습니다. 예를 들어 아파트를 소유한 부모와 무주택 직장인 아들이 같이 살고 있다고 가정해봅시다. 아들이 기존 사업을 확장하기 위해 신용대출을 받아야 하는데 금리가 너무 높고 한도가 적다면, 부모가 담보를 제공하고 채무자는 아들로 진행하는 제3자 담보대출을 선택할 수 있습니다.

담보 제공자가 이미 부채가 많아 본인이 직접 채무자가 될 수 없는 상황도 있겠죠. 또 담보 제공자의 신용점수가 낮아서 채무자가 될 수 없는 경우도 있고요. 이때도 본인은 담보만 제공하고 제3자가 채무자가 되어 자금을 마련할 수 있습니다. 예를 들어 부인이 카드론과 기타 대출이 많아서 채무자가 될 수 없다면 부인은 담보를 제공하고 남편을 채무자가 되는 제3자 담보대출을 진행할 수 있습니다.

그럼 주부, 퇴사자 등 소득 신고가 없는 사람은 어떻게 대출을 신청해야 할까요? 소득이 없으니 대출 신청이 불가하다고 생각할 수 있지만 그렇지 않습니다. 물론 대출자의 채무상환 능력을 우선시하는 은행 입장에서는 아무래도 소득이 있는 분을 선호하지만 소득이 없다고 무조건 대출이 불가한 것은 아닙니다. 소득이 없더라도 '대체소득'을 소득으로 환산해서 대출심사를 받을 수 있습니다.

대체소득을 소득으로 환산한다는 것은 신용카드 사용액 또는 건강보험료(지역가입자 세대주만 가능), 국민연금 등으로 소득을 인정받겠다는 것을 의미합니다. 이러한 환산 소득은 무직이거나, 건강보험 피부양자이거나, 부부 합산 소득 2,400만 원 이하인 경우 이용 가능합니다. 건강보험료, 국민연금 평균 3개월 불입액, 신용카드 사용액 1년치 등을 기준으로 소득 인정이 가능합니다. 여기서 신용카드 사용액은 법인용 신용카드가 아닌 개인카드만 가능하며 현금서비스, 세금은 포함되지 않습니다. 또 직장을 다닌 지 얼마 되지 않아 소득이 한 번만 있는데 대출을 받아야 한다면 '1개월 임금×12개월'로 산정해 환산 소득으로 잡을 수 있습니다.

금고엄마의 돈 공부

초판 1쇄 발행 2024년 3월 20일
초판 2쇄 발행 2024년 3월 28일

지은이 | 심명회
펴낸곳 | 원앤원북스
펴낸이 | 오운영
경영총괄 | 박종명
편집 | 이광민 최윤정 김형욱 김슬기
디자인 | 윤지예 이영재
마케팅 | 문준영 이지은 박미애
디지털콘텐츠 | 안태정
등록번호 | 제2018-000146호(2018년 1월 23일)
주소 | 04091 서울시 마포구 토정로 222 한국출판콘텐츠센터 319호(신수동)
전화 | (02)719-7735   팩스 | (02)719-7736
이메일 | onobooks2018@naver.com   블로그 | blog.naver.com/onobooks2018

값 | 19,000원
ISBN 979-11-7043-515-0 03320